THÉOPHILE-CONRAD PFEFFEL

DE COLMAR

SOUVENIRS BIOGRAPHIQUES

recueillis par son arrière petite-fille

Mme LINA BECK-BERNARD

LAUSANNE

Chez Delafontaine & Rouge, libraires-éditeurs.

1866

La *Bibliothèque universelle* a publié, dans ses numéros de janvier et de février 1866, une partie des souvenirs biographiques sur Pfeffel. Par suite d'un malentendu regrettable, non-seulement ce travail a subi de nombreuses coupures, mais le texte a été altéré d'une manière assez sensible pour que l'auteur ait cru qu'il devait à ses amis, et à la noble vie dont il cherchait à rappeler quelques traits, la réimpression complète du manuscrit.

Lausanne, mars 1866.

Lausanne. — Imprimerie Genton, Voruz et Dutoit.

THÉOPHILE-CONRAD PFEFFEL

L'Alsace, si française de cœur, ne l'est point par sa littérature, et jusqu'à ce jour ses poètes, surtout, ont essentiellement appartenu à l'Allemagne. Pendant le 18me siècle, la tendance germanique était incontestablement plus forte qu'elle ne l'est aujourd'hui ; le français tenait moins de place dans les études et dans les relations sociales en général. A leur foyer, dans leurs temples, dans leurs écoles, les fils de l'Alsace n'entendaient que des accents tudesques. On appartenait à la France, mais on n'était pas la France, et d'un bord à l'autre de ce Rhin dont les flots majestueux servent de limite aux deux peuples, les poètes alsaciens et ceux de l'Allemagne échangeaient les accords de leurs lyres et mettaient dans un trésor ouvert à tous deux les produits de leurs inspirations littéraires. La jeunesse alsacienne de familles nobles ou patriciennes n'avait, à vrai dire, d'autre ressource que l'Allemagne. Protestante pour la plupart, la France ne l'admettait pas dans ses écoles, et c'était aux universités allemandes qu'il fallait demander la science. De là, sans doute, la grande prépondérance conservée à l'allemand. La médecine, la philosophie, l'histoire, les belles lettres, la jurisprudence étaient étudiées à Halle ou à Tubingue. On faisait bien une fois en sa vie le voyage de Paris, ce qui était, à cette époque, une grave affaire. On en parlait dans les familles comme d'un événement solennel, plein de périls et d'antécédents inquiétants. Les gens raisonnables et à précautions faisaient leur testament avant de partir..... Ce voyage était une des haltes suprêmes de l'existence; il comptait dans la vie des hommes de ce temps-là, comme le pèlerinage de la Mecque pour les sectateurs du prophète. Mais en allant à Paris *on se rendait en France*, et il était évident qu'on ne croyait pas y être en demeurant en Alsace. Pour le campagnard surtout, un Français était à cette époque-là un *étranger*, ne parlant pas sa langue et avec lequel il était beaucoup moins disposé à sympathiser qu'avec un habitant de la Souabe ou du Margraviat de Baden. Nous parlons seulement ici de l'échange des mêmes dialectes pour les hommes des champs, et de la même littérature pour les gens cultivés; car si nous quittons le domaine des Muses pour celui du dieu Mars (pour parler le langage mythologique du goût de l'époque) la scène change. L'Alsacien redevient bien et dûment Français, prodigue du sang de ses enfants sur les champs de bataille, âpre à défendre ses frontières et ses foyers, et faisant à la France, par son patriotisme et son brillant courage, un inexpugnable rempart contre toute prétention germanique.

De nos jours encore, la tendance allemande, quoique bien affaiblie, se retrouve néanmoins dans certaines habitudes de l'esprit et de l'intelligence, dans les détails gracieux et touchants des fêtes de familles, dans la forme des récits populaires, dans le dialecte des campagnes, persistant rejeton de la vieille souche germanique. L'Alsacien, si patriote dans les luttes du forum, si jaloux de la gloire de nos armes auxquelles il a donné tant de noms glorieux, l'Alsacien, rendu à ses foyers, chantera le *lied* allemand avec son harmonie grave et profonde, plutôt que la gaie chanson française; et s'il participe de ces Francs belliqueux qui imposèrent leurs lois et leur nom à la Gaule, il lui est aussi resté quelque chose de ces races allémaniques auxquelles les lignes harmonieuses des montagnes bleues de la Souabe inspiraient de doux et poétiques accents.

Ces deux traits de caractère se sont rencontrés fortement

dessinés dans l'homme de génie et de cœur dont nous allons essayer d'esquisser la vie.

Si, par ses productions littéraires, Théophile-Conrad Pfeffel appartient à l'Allemagne, son activité intelligente et dévouée, comme homme et comme citoyen, fut toute à la France. Ses relations avec un frère habitant Paris, un séjour qu'il y fit, le mouvement intellectuel du 18me siècle auquel il ne demeura pas étranger, la connaissance parfaite qu'il avait de la langue française, le firent hésiter un instant entre les deux idiomes. Le souvenir des études de Halle, des relations personnelles avec Gellert, Voss, Schlosser, etc., le goût des ballades, des apologues, de la poésie épique, où l'allemand offre tant d'avantages au poète, firent pencher la balance du côté de la langue de Schiller et de Gœthe.

Néanmoins le français eut toujours la première place dans la famille Pfeffel ; il demeura la langue du foyer, des entretiens de l'amitié, de la correspondance intime entre le père et les enfants. C'était, à vrai dire, la plus belle part qui lui restait. Que sont les inspirations les plus parfaites du génie de l'homme, comparées au rayonnement de ses convictions suprêmes et des réalités éternelles qui le soutiennent pendant la rude bataille de la vie ?

Dans une plaine fertile, non loin des Vosges, s'élève la petite ville de Colmar. Sa cathédrale inachevée est à l'intérieur un modèle de goût et d'harmonieuses proportions. Ses rues longues et inégales sont bordées par des maisons dont plusieurs ont conservé le caractère des édifices du moyen âge ; pignons sur la façade, tourelles, balcons, fenêtres en ogives. Du *Champ de Mars,* vaste et belle promenade qui longe la ville du côté des Vosges, on jouit de la vue de ces pittoresques montagnes. Leurs sommités rocheuses, s'élevant au-dessus des sombres forêts de hêtres et de sapins, servent presque toutes de piédestal à quelque château ruiné, dont les tours et les donjons encore debout, se détachent, comme des colonnes isolées, sur les teintes de l'horizon. Ces témoins imposants et muets d'un ordre de choses qui n'est plus, semblent surveiller du regard la petite cité bourgeoise qui s'étend et prospère à leurs pieds. Un air pur, le voisinage des montagnes, font de Colmar un séjour salubre. C'est là que Théophile-Conrad Pfeffel naquit le 28 juin 1736. Son père était à cette époque *Stettmeister* de Colmar, dignité qui répond à celle de Bourgmestre des cités républicaines de l'Helvétie. La famille Pfeffel était originaire du Margraviat de Hochberg, dans le duché de Baden. Elle avait été anoblie dans les temps anciens, que des parchemins et des traditions de famille faisaient remonter jusqu'à Hermann, marquis de Baden, père de ce jeune Frédéric qui mourut à Naples sur l'échafaud avec son cousin Conradin. Le fief de Vandelbourg, dont l'aîné de la famille Pfeffel portait le nom, figurait parmi ses titres de noblesse. Elle comptait aussi au nombre de ses ancêtres un troubadour ou *minnesænger* qui se distingua parmi les poètes du XIIIme siècle, et dont il nous reste plusieurs chants. Quelques centaines d'années après, l'étoile de la poésie brillait pour la seconde fois au foyer de cette famille privilégiée.

Le père de Théophile-Conrad était un homme très distingué[1]. Il mourut jeune encore, laissant une veuve et un fils aîné qui avait 10 ans de plus que notre poète, et que celui-ci aima toujours avec une sorte de respect filial. Ce frère, Christian-Frédéric, était aussi remarquablement bien doué et fournit

[1] Ses talents avaient été remarqués par M. d'Argevilliers, intendant d'Alsace et plus tard ministre de la guerre, et par M. de Klinglin, quêteur royal. Ces deux administrateurs décidèrent Jean-Conrad Pfeffel à se fixer à Strasbourg. Bientôt après il fut appelé à Paris et employé au ministère des affaires étrangères, où l'on créa pour lui la place de jurisconsulte du roi. Envoyé en mission au conseil souverain d'Alsace, il fit à Colmar la connaissance d'une jeune veuve, et l'ayant épousée, il se fixa dans cette ville. Naturalisé Français, il fut bientôt élevé à la dignité de *Stettmeister*. Jean-Conrad Pfeffel mourut dans la force de l'âge, emportant les regrets de ses concitoyens.

Paul Lehr, *Notice biographique sur Théophile-Conrad Pfeffel*, servant d'introduction à la traduction de ses fables.

une carrière brillante à plus d'un égard[1]. Il a écrit en français une excellente histoire du Droit public en Allemagne, et il succéda à son père dans la charge de jurisconsulte du roi. Christian, homme de science et d'études, était aimable et enjoué dans le commerce intime de la vie. Théophile-Conrad trouvait chez lui plus de sympathie que chez sa mère, femme d'un noble caractère, mais peu expansive, et qui élevait ses fils avec une fermeté toute virile. En parlant d'elle, Théophile-Conrad Pfeffel disait plus tard : « Elle nous a élevés avec la rigidité d'une Spartiate et la tendresse d'une bonne mère. » En effet, si les lois sévères qui avaient présidé à l'éducation de ses fils leur rappelaient les inflexibles préceptes de Lycurgue, l'affection et la sensibilité vraie de leur mère ne ressemblait en rien à la rude abnégation des sentiments maternels que l'histoire prête aux femmes de Lacédémone. Lorsque le jeune Théophile-Conrad perdit la vue, sa mère en ressentit un chagrin si violent, qui lui fit verser tant de larmes, qu'elle aussi fut atteinte de cécité. Elle était alors âgée de près de 60 ans. Ses yeux à jamais éteints, elle s'occupait encore fort adroitement à des ouvrages de main. Ses enfants et petits-enfants ont conservé des écheveaux de fil très fin détachés de la quenouille de leur aïeule aveugle qui, pareille à la femme forte de la Bible, n'avait point cessé de travailler, même après que Dieu lui eut retiré la lumière.

[1] Christian-Fréderic Pfeffel naquit à Colmar le 3 octobre 1726, et fut l'élève et le collaborateur du savant Schœpflin, qu'il seconda dans la composition de son *Alsatia illustrata*. Il remplit ensuite très souvent des fonctions diplomatiques pour la Saxe, pour la France, pour les princes de Deux-Ponts. Pendant qu'il représentait le duc de Deux-Ponts auprès du duc de Bavière, il fut nommé directeur de la classe historique de l'Académie de Munich. En 1768 il fut appelé à Versailles en qualité de jurisconsulte du roi, et depuis lors jusqu'en 1792 il y eut peu d'actes diplomatiques à la rédaction desquels il n'ait concouru. La révolution le trouva Stettmeister à Colmar; il se retira à Deux-Ponts, puis à Nuremberg, et revint en France en 1800. Il mourut le 19 mars 1807 membre de la commission mixte de l'octroi du Rhin et chevalier de la Légion d'honneur. On lui doit un *Abrégé chronologique de l'histoire et du droit public en Allemagne*; ce livre a eu quatre éditions. Pfeffel a écrit aussi des Recherches sur les droits du pape sur Avignon et plusieurs dissertations sur les limites de la Bavière aux neuvième et dixième siècles, etc.

Ph. de Golbéry. *Annuaire du Haut-Rhin*, 1833.

Théophile-Conrad n'avait que deux ans lorsqu'il perdit son père ; son frère, qui en avait 12, s'occupa beaucoup de lui, et lui inspira dès lors cet attachement profond, respectueux, presque filial qu'il lui témoigna jusqu'à la fin. Christian destinait son frère à la diplomatie et dirigea ses études de ce côté-là ; elles se firent à l'université de Halle, où il suivit avec ardeur des cours de philosophie, de droit, d'histoire, de sciences naturelles. La faiblesse des yeux du jeune homme, des ophthalmies fréquentes forcèrent son frère à changer de plan à son égard, et les études de Théophile-Conrad se tournèrent vers la littérature. L'énergique persévérance qu'il mettait à ses travaux irritait son mal. Déjà comme enfant, sa mère l'avait surpris se relevant la nuit pour lire et écrire à la lueur d'une lampe qu'il allumait furtivement.

Après quelques années consacrées aux études et aux voyages, Théophile-Conrad revint en Alsace. C'était alors un jeune homme d'une taille au-dessus de la moyenne, d'une tournure élégante et de manières distinguées. Ses traits étaient fins et mobiles. Ses yeux noirs, éclairés par le rayonnement intérieur d'un esprit plein de vivacité, de noblesse et de poésie brillaient d'un éclat qui devait bientôt s'éteindre à jamais. Le son de sa voix avait ce timbre sympathique et pénétrant qui atteint au cœur. Sa conversation éloquente, riche d'idées, de saillies, d'aperçus neufs et piquants, recevait souvent un charme de plus par le fait d'une gaieté douce et bienveillante qu'il a su conserver jusqu'à la fin. Tel est le portrait que ceux qui l'ont connu alors ont laissé de lui.

Lorsque Théophile-Conrad allait à Strasbourg, il demeurait chez un parent de la famille, M. André Divoux, de Château-Thierry. Le père de M. Divoux était un de ces protestants que les dévotes atrocités de la révocation de l'édit de Nantes ne purent ni intimider ni fléchir. Il se décida à tout quitter plutôt que de renoncer à sa foi, et il vint se fixer en Alsace, dont la constitution, maintenue par le traité de paix de Westphalie, assurait toute protection aux réformés.

André Divoux avait une fille charmante, alors âgée de 18 ans, et dans tout l'éclat de la beauté. Touchée du terrible malheur qui menaçait son jeune parent, Marguerite Divoux lui offrit, afin de ménager ses yeux, de lui faire la lecture et d'écrire sous sa dictée. Théophile-Conrad accepta avec reconnaissance les soins d'une amitié qui devait assurer le bonheur de sa vie. Bientôt, épris de la beauté et plus encore des rares qualités de Marguerite, le jeune homme n'osait lui parler de son amour. Il eut recours à un ingénieux moyen. Il prie Mlle Divoux d'écrire une lettre sous sa dictée ; elle se met en devoir de souscrire à sa demande. Théophile-Conrad parle d'une voix émue ; c'est à une jeune personne qu'il s'adresse ; il lui dépeint de la manière la plus noble et la plus délicate les sentiments qu'elle a su lui inspirer. La lettre pliée et cachetée, Marguerite demanda d'une voix que l'émotion rendait incertaine à qui il fallait adresser ce qu'elle venait d'écrire. Son nom prononcé avec amour et respect fut la réponse, et lui arracha un aveu qui mit son jeune parent au comble du bonheur.

Mais l'ombre triste de la cécité devait obscurcir l'aurore de ces jours de douce félicité, qui se levaient pour les fiancés radieux, riches d'espérances et de joie. De retour à Colmar, chez sa mère, Théophile-Conrad, atteint d'une nouvelle ophthalmie, perdit la vue d'un œil. Peu de temps après, à la suite d'une fièvre cérébrale, l'autre œil, attaqué par le mal, ne lui laissait plus qu'une lueur. Les médecins proposaient une opération qui, disaient-ils, pouvait lui rendre la vue, mais aussi la lui ravir à jamais. Dans cette cruelle alternative, Théophile-Conrad n'hésita pas. Sa délicatesse, la noblesse de ses sentiments ne lui permettaient plus d'associer à son sort la femme qu'il aimait ! Il fallait lui rendre sa liberté et briser ces liens de jeunesse et de bonheur qu'un malheur prochain allait changer en liens d'abnégation et de souffrance. Il le lui fit écrire, lui renvoyant l'anneau de fiançailles qu'ils avaient échangé. Marguerite Divoux tenait de son aïeul, le brave Huguenot : comme lui, elle ne transigeait pas avec ce qu'elle croyait être son devoir. Son premier mouvement fut de demander des chevaux de poste et d'arriver à Colmar avec ses parents. Théophile-Conrad put encore la voir, recevant à ses côtés la bénédiction nuptiale ; il la vit alors pour la dernière fois ! Quelques jours après, l'opération se fit, ne réussit pas, et le jeune poète fut aveugle pour toujours ! Il avait alors 23 ans, et sa femme 18. La dernière lueur à l'aide de laquelle il l'avait aperçue dans tout l'éclat de la fraîcheur et de la beauté, projeta sur toute sa carrière un jeune et poétique rayon. Vieillard, il ne pouvait s'imaginer que sa femme fût vieillie comme lui. Il est vrai que, si le temps avait tracé quelques rides sur le front de Marguerite, son âme n'en avait reçu nulle atteinte. Son affection, sa sympathie, ses douces et charmantes attentions étaient restées les mêmes pour l'époux que son dévouement avait choisi. La constante et forte bonté de son âme rendait l'idée d'une transformation opérée par l'âge, difficile à accepter, pour l'ami auquel elle avait consacré sa vie. La fidélité, la piété, la charité sont éternelles, et l'enveloppe que le poète leur donne porte le type d'une indestructible beauté.

Lancé dans la carrière des lettres, Théophile-Conrad Pfeffel y devint célèbre. Ce côté-là de la vie du poète appartient à la gloire et à la renommée attachée à son nom. C'est le côté lumineux. Celui de l'ombre, de la vie privée, appartient plus spécialement aux traditions de famille, sanctuaire dans lequel il n'est pas donné à chacun de pouvoir regarder. Disons cependant que Théophile-Conrad n'était pas de ceux qui ne réservent les sourires et la grâce de leur génie que pour les seules adulations de la foule. D'après les convictions de son cœur généreux, tout en lui devait concourir au bonheur de sa famille et de ses amis. Il semait sous les pas de ceux qu'il aimait les palmes et les fleurs de sa couronne de poète ; le rayon brillant qui l'entourait se transformait en douce étoile pour éclairer et réjouir son foyer domestique.

Il devrait toujours en être ainsi. A quoi sert le génie s'il ne rend pas l'homme meilleur? L'âme, n'est-elle pas la première des puissances morales, et toutes nos facultés ne doivent-elles pas tendre à l'élever et à l'ennoblir?

La première épreuve domestique de Pfeffel fut la mort de son fils aîné; il s'appelait Christian, comme son oncle, dont il était le filleul. Cet enfant, remarquablement intelligent, donnait à son père les plus belles espérances. A l'âge de 10 ans, il prit une maladie grave et violente. L'avis des médecins était qu'une saignée pouvait seule sauver le malade.

Laissons parler Pfeffel sur ce douloureux événement:

A Madame de W.

Colmar, le 9 mars 1770.

« Le bijou de mon cœur, le plus cher, le plus vertueux de mes enfants, *Christel*, votre favori, n'est plus .... Dieu dans sa colère a brisé mon soutien, ainsi que mon cœur. Sa maladie allait en augmentant; elle était hier à son comble. Il délirait, et au milieu de son délire, il parlait avec son Dieu. Il priait pour ses parents; il les bénissait. Sa tête était tellement embarrassée que la saignée devint indispensable. Le médecin, sa mère, la mienne, tout le monde le pressait de souffrir cette petite opération qui devait sauver ses jours. Il résistait avec sa douceur ordinaire. J'appuie mon visage sur le sien; je l'arrose de mes larmes, « ma vie dépend de la vôtre, mon enfant, lui dis-je; c'est par ces larmes paternelles que vous sentez couler, que je vous conjure de souffrir la saignée. » — « Oui, mon cher père, me répondit-il d'une voix faible, je la souffrirai. » — Aussitôt il tend son bras décharné; mon visage reste collé sur le sien; on lui ouvre la veine, et les convulsions le saisissent. Je tombe à la renverse; *Doris*[1] crie au secours; je me reproche la mort de cet enfant chéri qui, à l'exemple de son Sauveur, m'obéissait jusqu'à la mort! Il revient un peu à la vie, sans reprendre l'usage de la parole; je l'embrasse, je le baigne de

[1] *Marguerite Divoux*, sa femme.

mes pleurs, tout le monde m'imite; il avale patiemment les médecines qu'on lui donne. Une heure après, les convulsions reviennent et à onze heures du soir, il expire; il expire, ma chère amie, et nous laisse dans le désespoir! . . . . Son âme pure dépose son beau masque de chair et s'élance dans le sein de son créateur. Demain sa dépouille mortelle sera rendue à la terre; ses petits camarades le conduiront à la tombe, et son précepteur lui rendra les derniers devoirs. Nous sommes anéantis; pleurez avec nous. C'est toute la réponse que je demande à cette lettre. »

La mort de cet enfant marqua dans la vie de Pfeffel, en ce qu'elle eut une influence décisive sur sa carrière. Dès ce moment, l'idée de faire quelque chose pour la jeunesse et de lui consacrer sa vie, l'occupa continuellement. Comme nous l'avons dit plus haut, la noblesse protestante d'Alsace n'était point admise à l'école de Brienne, ni aux autres écoles militaires françaises. Pfeffel résolut de doter sa province d'une institution qui permît à ses fils de faire leur éducation sans quitter le sol natal, et sans être obligés de subir pendant de longues années passées sur une terre étrangère, des influences anti-françaises. M. Paul Lehr dit à ce sujet dans sa belle notice biographique sur Pfeffel: « Il fit part de ses projets à son « frère, et à Saalis-Marshlins, directeur du célèbre institut de « Haldenstein dans les Grisons. Tous deux furent également « surpris d'une pareille idée chez un homme aveugle; mais « ils connaissaient ses lumières, sa force d'âme et son courage, « et loin de le dissuader dans son entreprise, ils l'aidèrent de » tout leur pouvoir. Pfeffel avait compté sur l'appui du gou- » vernement. Tout ce qu'il en obtint fut une lettre du minis- » tère, où il était dit que « Sa Majesté trouvait bon que » M. Pfeffel réalisât ses vues utiles. » Il obtint de plus l'auto- » risation de faire porter l'uniforme à ses élèves, et de les di- » riger au son du tambour. L'institut fut ouvert en 1773.

» M. Lersé[1], conseiller du comte de Linanges, devint bientôt » après le collaborateur de Pfeffel; en peu de temps l'école » prit de l'accroissement et acquit une grande réputation sous » le nom d'*Académie militaire*. Les enfants, qui y étaient reçus » depuis onze jusqu'à quatorze ans, y arrivaient non-seulement » de l'Alsace, mais encore de l'Allemagne, de la Suisse, de » l'Angleterre, de la Russie, etc. Le nombre des élèves était » de quarante, année commune, sans compter les externes. » Pfeffel et Lersé étaient les chefs de l'établissement; ils » avaient sous leurs ordres quatre gouverneurs et douze à » quinze professeurs. L'instruction des cours généraux et des » leçons particulières embrassait à peu près toutes les bran- » ches des connaissances humaines.

» C'était un établissement qui n'avait point de modèle alors, » et qui depuis a pu être imité, non surpassé. Fondée par un » homme de bien, pour former des gens de bien, cette insti- » tution fut toujours dirigée avec un noble désintéressement » et avec le dévouement le plus consciencieux. Pfeffel s'était » réservé l'instruction religieuse élémentaire, et pour y réussir, » il avait fait de profondes recherches. Il avait aussi établi » entre les gouverneurs et les professeurs de fréquentes con- » férences qu'il présidait, et dans lesquelles on discutait les » questions les plus importantes pour les progrès de la jeu- » nesse. Personne mieux que lui ne savait s'attacher les en- » fants, toucher leur cœur, instruire et captiver leur esprit; il » était aimé, révéré par eux et par les professeurs eux-mêmes, » comme le père le plus tendre. La sollicitude de Pfeffel n'a- » bandonnait pas les maîtres et les élèves à la sortie de la mai- » son; elle les accompagnait dans le monde, et souvent il se » plaisait à guider leur destinée d'une manière invisible et » bienfaisante.

[1] Lersé était intimement lié avec Schlosser de Francfort, ami de Pfeffel, et beau-frère de Gœthe. Celui-ci professait la plus grande admiration pour les talents et les nobles qualités de Lersé. En nommant de ce nom un des plus beaux caractères de son Gœtz de Berlichingen, Gœthe pensait, comme il nous l'apprend lui-même, rendre hommage à l'homme qui lui avait inspiré autant d'affection que d'estime. (*Eckerman, Entretiens avec Gœthe.*)

» Des princes, des généraux, des hommes d'Etat, des sa-» vants, des artistes, des négociants, etc., etc. ont honoré en » grand nombre comme élèves, l'Académie militaire et son » directeur[1]. »

La carrière littéraire de Pfeffel avait commencé en 1761, par la publication d'*Essais* poétiques qui furent accueillis avec faveur. De 1763 à 1774, il publia cinq volumes de récréations dramatiques. En 1766, il avait mis au jour un nouveau volume de poésies.

En 1769 parurent à Strasbourg des *Récréations dramatiques* pour les enfants, qu'il avait composées pour sa famille et ses amis. Ces petites pièces furent traduites par Berquin et très appréciées.

Vers la même époque, Pfeffel publia un travail intitulé : « Magasin historique pour l'esprit et le cœur. » C'était un choix intéressant, en français et en allemand, de trois cents beaux traits et anecdotes tirés des meilleurs historiens anciens et modernes. Ce livre, destiné aux jeunes gens, fut admis à l'Ecole militaire de Paris, eut de nombreuses éditions et fut souvent réimprimé depuis.

« Les soins de l'Académie (nous citons encore M. Paul » Lehr) qui absorbait la plus grande partie du temps de » Pfeffel, lui en laissaient encore pour les lettres et la poésie. » De 1789 à 1791 il fit paraître 3 volumes d'*Essais poëtiques,* » imprimés à Bâle par de Haas, l'un de ses élèves les plus » distingués. L'âge et l'étude avaient mûri le talent de Pfeffel, » et cette publication lui assigna un rang honorable parmi les » poètes célèbres qui apparaissaient alors de toutes parts dans » cette Allemagne, dont le réveil littéraire s'était opéré depuis

[1] Sur la liste des élèves on trouve les noms des princes d'Isembourg, de Liewen, des comtes de Custine, de M. de Fellenberg, fondateur des instituts d'Hofwyl dans le canton de Berne, de Haas, typographe renommé de Bâle. Parmi les Alsaciens, nous nommerons feu le général de Bergheim, MM. Metzger, Turckheim de Colmar, J.-E. de Dietrich et J. Lichtenberger de Strasbourg, Daniel et Jacques Dollfuss de Mulhouse, etc., etc., etc. . . .

» peu. La renommée du poète aveugle s'était tellement accrue » que, tous les jours, des personnes étrangères à Colmar y » accouraient pour le visiter. »

Pfeffel possédait une bienveillance parfaite qui avait sa source dans un véritable esprit chrétien ; il avait aussi à un haut degré le don de la conversation, et ceux qui en avaient goûté le charme en parlaient encore longtemps après avec enthousiasme.

En 1755 Voltaire habitait les environs de Colmar. Il écrivit là sa tragédie de Zaïre, et il venait souvent voir Pfeffel dont il appréciait beaucoup l'esprit vif et brillant. Le contraste entre la petite figure ridée, grimaçante et malicieuse de Voltaire, et l'aimable sérénité qui rayonnait au front du poète aveugle, n'avait pas échappé à son entourage, et 60 ans après cette impression subsistait encore chez un ami de la famille Pfeffel qui, très jeune alors, avait assisté à quelques-unes des visites du philosophe de Ferney. Pfeffel s'associa dans la suite à ce que Voltaire fit pour la famille Calas, et le jeune Duvoisin, petit-fils de Calas, fut en quelque sorte adopté par Pfeffel et admis à l'Académie militaire. En 1774 un autre homme non moins célèbre que Voltaire, mais à ses antipodes en ce qui touche aux convictions éternelles, se présenta chez Pfeffel. On annonce un étranger ; Pfeffel, qui était à souper, se fait conduire dans son cabinet de travail où l'inconnu l'attendait. — « Qui êtes-vous, Monsieur ? » demande Pfeffel avec bienveillance. — « Lavater de Zurich. » — « Quel Lavater ? seriez-vous ce diacre auquel il a été donné de jeter un coup d'œil dans l'éternité ? » — « Celui-là même. » — « Lavater ! *mon ami Lavater !* » s'écrie Pfeffel, en lui tendant les bras. Il est inutile d'ajouter, pour qui connaît ces deux hommes que, peu d'instants après, ils échangeaient dans une conversation intime les convictions les plus sérieuses[1].

[1] Voyez Bodmann : Lavater, sa vie, sa doctrine, ses écrits. Gotha, 1856.

La correspondance de Pfeffel avec Lavater dura autant que la vie de ce dernier, auquel Pfeffel survécut plusieurs années.

S'ils sympathisaient en ce qu'ils avaient tous les deux conservé la foi chrétienne au milieu de l'incrédulité encyclopédique du 18me siècle, ils différaient cependant beaucoup sur bien des points. La *Physiognomonie* de Lavater n'avait pas trouvé en Pfeffel un admirateur enthousiaste. Il sentait combien le philosophe de Zurich s'était fourvoyé en voulant faire un système du *don* qu'il avait reçu de discerner les cœurs et les caractères d'après les lignes du visage, et, avec la finesse d'aperçus qui lui était propre, il avait su faire la part de la réalité et celle de l'idéal.

Pour Lavater, Pfeffel était trop libre-penseur. Le côté mystique de sa nature exaltée, passionnée, rêveuse, se heurtait parfois à l'esprit brillant, plein de cœur et de bon sens, quelquefois finement railleur de son ami de Colmar. Lavater s'adonnait, comme l'on sait, « *à la sorcellerie céleste,* » comme M. de Châteaubriand disait de Mme de Krudener. Pour la santé de sa femme, il consultait une certaine somnambule de Strasbourg, nommée Westermann, et comme pour excuser cette étrange anomalie au milieu de l'esprit philosophique du temps, il écrivait à un ami de Pfeffel, M. Jacques Sarasin de Bâle, en parlant de sa somnambule : « Les philosophes ricanent, les beaux-esprit se moquent, les orthodoxes dressent les oreilles, les dévôts soupirent, les faibles d'esprit ont peur, moi, je suis tranquille, et ma femme ?.... guérie ! *Quod erat demonstrandum.* » Ces quelques mots, ajoute M. Hagenbach qui les cite dans son opuscule intitulé : « Jacques Sarasin et ses amis », » nous font connaître les jugements portés sur Lavater par ses » contemporains. Il avait fini par mécontenter tout le monde, » philosophes, beaux-esprits, orthodoxes et dévôts. Sa tolé» rance envers l'Eglise catholique avait été prise par quelques» uns en très mauvaise part. La poésie intitulée : « *Impres*» *sions d'un protestant dans une église catholique*, et qu'il » dédia à Pfeffel et à Sarasin, fut interprétée par le public

» dans un sens qui lui fut défavorable, quoique ce morceau » puisse être compté pour l'un des plus beaux que Lavater ait » composés. »

Pfeffel lui écrivait à ce sujet dans une lettre du 1er mai 1781 (traduction de l'allemand) : « Je viens de me faire relire pour la troisième fois par mon ami Lucé votre belle poésie intitulée : « Impressions d'un protestant dans une église catholique. » Vous devriez publier cette incomparable poésie, ou permettre à l'un de vos amis de le faire. Les chrétiens paisibles en retireraient plus de fruit que les devôts trop zélés n'en pourraient faire de scandale. Vendredi-Saint j'entendis ici dans l'église de l'un de nos couvents, le *Stabat mater* de Pergolèse ; je pensai à votre poésie, et mon recueillement s'en accrut ; c'est à vous que je le devais, mon cher ami. »

Sur le terrain de la largeur chrétienne et de l'absence de tout fanatisme étroit, les deux amis se rencontraient. Pour Pfeffel, Lavater était le pasteur évangélique par excellence, et il aurait voulu ne lui voir jamais quitter ce noble emploi. Il écrivait à ce sujet à M. Sarasin, le 6 janvier 1800 (traduction de l'allemand) : « Je suis bien heureux d'apprendre que Lavater prêche de nouveau. La prédication de l'Evangile lui réussit infiniment mieux que *ses homélies politiques.* »

Pfeffel riait aussi de la manie qu'avait Lavater de faire venir les portraits de tous les personnages marquants dans les arts, les sciences, la littérature, etc. etc., et de retrouver invariablement dans les lignes de leur visage non-seulement l'expression de leur génie, mais encore les particularités de leur caractère. Pfeffel écrivait là-dessus à M. J. Sarasin, 4 février 1778 (traduction de l'allemand) :

« *La foi du charbonnier* que j'ai dans ce grand homme (Lavater) ne va pas jusqu'à croire, par exemple, que, voyant le portrait d'Hermès, il y ait retrouvé le caractère complet de son roman philosophique de *Sophie.* J'en juge *comme un aveugle des couleurs*, et je vous soumets mon jugement ; mais je parierais bien que si Hermès était venu incognito chez Lavater, celui-ci n'aurait lu sur son visage qu'une très petite portion *ou rien du tout* de ce qu'il y a vu à l'aide des lunettes que les ouvrages d'Hermès lui ont procurées. »

Pfeffel ne pouvait pas non plus pardonner à Lavater quelques excentricités qui lui semblaient trop fortes, comme, écrivait-il à Sarasin, de dénier à Pope tout droit à la poésie, uniquement parce que Pope n'a pas *un front de poète.* Jusqu'ici, ajoute-t-il, on avait jugé un auteur d'après ses ouvrages; désormais le monopole du jugement et l'appréciation du mérite poétique ou littéraire appartiendra à la seule *Physiognomonie.*

C'était comme pasteur que Lavater lui inspirait le plus de sympathie; il lui écrivait en 1783 (traduction de l'allemand) :

« Merci, cher ami, pour votre excellente prédication sur le tremblement de terre en Calabre. Nous l'avons lue avec Lersé et Lucé, et j'espère que nous ne serons pas les seuls auxquels vos paroles auront été en bénédiction. »

Cependant il semblait à Pfeffel, comme il l'exprime dans sa correspondance intime, qu'en regard de l'incrédulité du 18me siècle, il aurait voulu un christianisme plus positif, plus raisonné, plus rationel que ne l'était le christianisme mystique, nuageux, presque superstitieux de ses amis Lavater, Jung Stilling et autres. Il aurait voulu voir ces hommes de foi combattre le bon combat revêtus de la sainte armure dont parle l'Apôtre, tandis qu'il avait le chagrin de les entendre prononcer leurs oracles chrétiens dans l'attirail de la sybille antique. La largeur de vue de Pfeffel, son éclectisme en fait de système et de philosophie religieuse n'avaient nullement ébranlé ses croyances. Mais il suivait de loin ses amis dans les profondeurs mystérieuses où leur foi s'égarait. La sienne, sans cesse ramenée sous les rayons éclatants des préceptes divins, se manifestait dans sa vie, application constante de la religion du devoir, du dévouement chrétien, de la charité évangélique. Cela étonne chez un homme poète, d'une imagination mobile, colorée, et chez lequel tous les sentiments et surtout l'amitié, revêtaient une forme jeune et enthousiaste. Il nous semble reconnaître à travers la maturité de la vie les traces des influences fortes de son enfance, de cette mère *spartiate*, comme il l'appelait, mais chrétienne aussi, et qui ne permettait pas à son fils d'inutiles divagations dans le domaine de la foi.

Néanmoins toutes ces dissonances entre Pfeffel et Lavater n'avaient nui en rien à leur constante amitié. Lavater était très près de sa fin, lorsque Pfeffel tomba très malade aussi; il se remit promptement, et Lavater, en l'apprenant, écrivait à M. Jacques Sarasin (traduit) :

« Merci, cher ami, pour les nouvelles rassurantes que tu me donnes de Pfeffel. Il semblait vouloir faire avec moi le voyage que je vais entreprendre vers *le pays du repos;* cependant il vaut mieux qu'il ne me rejoigne que plus tard; sa présence ici-bas est encore bien utile. »

Pfeffel écrivait à son ami Sarasin, peu de jours avant la mort de Lavater : « Je ne puis penser à notre bon Lavater sans la plus profonde douleur. Que Dieu soit avec lui, et le fortifie par la pensée de la patrie qui l'attend. »

Pfeffel avait déjà perdu son ami Schlosser; Lavater se mourait... Dans une poésie que celui-ci put encore lire, Pfeffel s'écrie :

Qui sait combien d'amis pour couronner leur vie
Atteindront avant moi la céleste patrie!
Déjà, cher Lavater, le messager divin,
    Agite l'air de ses rapides ailes,
    Et plane sur ton front serein
    Couvert de palmes immortelles.
O mon ami!... tu pars!... Adieu, voici ma main.
Hors d'atteinte bientôt de l'injustice humaine,
Environné d'élus, saints habitants des cieux,
Sur quelque étoile où luit un jour plus radieux,
Tu goûteras un repos glorieux [1].

[1] Traduction de M. Paul Lehr.

Ainsi fut interrompue par la mort cette sainte amitié, jusqu'au jour où elle devait se renouer plus forte, plus profonde, plus paisible, au sein de l'éternelle lumière.

En 1787 Alfieri fit connaissance avec Pfeffel. Celui-ci en parle de la manière suivante dans une lettre à Jacobi (traduit de l'allemand) :

« . . . . Ci-joint, mon ami, un prospectus des œuvres intéressantes d'un auteur encore plus intéressant que ses écrits, et que nous n'avons appris à connaître qu'il y a très peu de temps, quoiqu'il ait déjà passé trois étés dans notre voisinage. Il est *Grand-Maitre* de la princesse de Stollberg, femme du prétendant (comtesse Albany), qui passe la belle saison dans une agréable campagne à une lieue d'ici. Alfieri a tout à fait l'âme d'un Romain des temps consulaires, et la princesse est une femme aimable et très instruite ; elle nous a fait visite plusieurs fois. Si vous trouvez des amateurs pour le livre, écrivez-le à Lersé ou à moi. »

La fille d'une amie de la famille Pfeffel nous parlait ainsi de ses souvenirs sur Alfieri : « La comtesse d'Albany me vit chez ma cousine de Malzan ; j'avais alors 6 ans, des cheveux frisés, des joues roses. La princesse déclara que je ressemblais à l'*Amour*, et demanda à ma mère la permission de m'emmener à son château de Wittolsheim. Elle me fit mettre un maillot de soie rose-tendre, une tunique de crêpe bleu-céleste, au dos de laquelle étaient attachées des ailes de gaze diaprées d'*œils* de plumes de paon. Pour compléter mon équipage d'*Amour*, on me donna un arc et un carquois en bois doré, et ainsi faite on me déposait au pied d'un vaste sopha de damas jaune, surmonté d'un *dais* pareil. Sur ce sopha était étendu le comte Alfieri, enveloppé de pelisses, même au gros de l'été. La princesse et quelques dames de ses amies étaient assises à l'entour, pendant qu'Alfieri leur déclamait avec une fureur poétique des passages de ses tragédies. Ses gestes emportés, ses cris passionnés m'intimidaient au possible. La princesse, qui aimait beaucoup les enfants, me retenait auprès d'elle aussi longtemps qu'elle pouvait. Lorsque, fatiguée de mon rôle d'*Amour*, je demandais à voir ma mère, le comte Alfieri me reconduisait toujours lui-même à Colmar, dans un phaëton dont il guidait à merveille les deux magnifiques chevaux. C'était, avec la poésie, sa plus grande passion. »

Pfeffel avait bien jugé Alfieri, en disant de lui qu'il avait « l'âme d'un Romain des temps consulaires » et ce fougueux ami de la liberté lui était apparu sous son vrai jour. Alfieri mourut en 1803, six ans avant Pfeffel. La vie d'Alfieri avait été un long orage, une explosion continuelle de fougue passionnée, de généreuses colères, mais aussi d'âpres et stériles poursuites après la liberté et l'idéal. Pfeffel avait discipliné de bonne heure sa vie à l'ombre de la cécité et d'une douloureuse épreuve domestique. Il était sorti de ce combat avec le désir de se consacrer à une œuvre utile. Pour son âme sympathique, la recherche généreuse du bon et du bien était en premier lieu le but de tous ses efforts ; néanmoins il avait la faculté de l'*admiration*, apanage des nobles cœurs, et partout où il rencontrait sur sa route le rayonnement du génie, de l'esprit, de la bonté, il en jouissait avec une vivacité pleine de charme et de véritable bonheur.

Il avait aussi, malgré le sens qui lui manquait, une grande finesse d'aperçus et un tact singulier pour connaître les hommes, souvent dans une seule entrevue.

En 1788, Oberlin vint rendre visite à Pfeffel, et celui-ci exprime son opinion sur le digne pasteur du Ban de la Roche dans une lettre à M. Sarasin, 6 février 1788 (traduction de l'allemand) :

« Oberlin nous a quittés hier. C'est un homme simple, droit, sage, infatigable, pénétré de l'amour du prochain, en un mot vraiment apostolique. Sans aucune prétention au génie ou à la gloire, il agit lentement dans sa sphère, comme la Providence qui lui aide. Le Ban de la Roche, notre Sibérie alsacienne, est déjà, grâce à lui, transformé de moitié. A ses habitants pauvres et à demi sauvages, Oberlin a su inspirer l'amour du travail, de la lecture, de quelques arts utiles et récréatifs, et ce qui est mille fois plus important, il a su leur inspirer les mœurs qui naissent de la vertu. A chaque pas il trouve dans son chemin une pierre d'achoppement que lui et sa digne femme saisissent courageusement à deux mains, afin de la pousser hors de leur sentier, car il n'est pas possible de tourner l'obstacle, ou de le rejeter loin de soi.

« Nous devrions faire une fois avec Zoé (Mme Sarasin) et Doris un pèlerinage chez ce digne pasteur. Nous y verrions l'humanité dans son berceau avec ses vertus et ses vices, et un *éducateur* qui ne se doute pas qu'il vaut plus que tous les auteurs imprimés et inédits qui ont écrit sur l'éducation. »

Quelques années plus tard, Pfeffel conseillait aussi le pèlerinage du Ban de la Roche à un jeune Dauphinois, Augustin Perrier, qui avait fait un assez long séjour dans sa maison, et auquel notre poète avait voué une affection paternelle.

Les relations d'amitié de Schlosser et de Jacobi avec Pfeffel ne furent interrompues que par la mort de Schlosser, en 1799. Pfeffel avait pour l'esprit sage, juste, énergique de Schlosser une sincère admiration, surtout en sa qualité de philosophe pratique. Nous avons déjà vu combien la métaphysique nuageuse lui était antipathique, ce qui le portait à écrire à M. Sarasin en 1778 (traduit de l'allemand) :

« Je viens de lire quelques pages de Herder, mais je ne sais pas encore où il veut en venir. Depuis que je vois que la philosophie fait si peu de philosophes, je commence à me méfier de ses spéculations. Nous pensons, nous sentons, cela est évident ; mais quelle importance devons-nous attacher à découvrir *comment* nous y arrivons ? La recherche de cette opération de l'esprit nous apprendra-t-elle à mieux sentir et à mieux penser ? J'en douterai aussi longtemps que la métaphysique ne m'aura pas découvert quelque secret de l'éducation des hommes ! Il est vrai que nous avons eu des philosophes pédagogues, auxquels nous devons d'utiles préceptes ; mais nous les devons à leurs expériences plutôt qu'à leurs pensées, et bien souvent, en généralisant ces expériences, et en les érigeant en maximes, ils les ont rendues fausses et impraticables. »

Schlosser n'était pas un philosophe de cette école, et Pfeffel s'exprimait ainsi sur lui dans une lettre à M. Augustin Perrier, Colmar 16 Frimaire, an VI :

« ..... Les Allemands ont aujourd'hui un philosophe qui est peut-être le plus profond et le plus subtil analyste qui ait existé depuis Aristote. Mais la philosophie de Kant est révolutionnaire, il détruit sans reconstruire, et la nouvelle boussole qu'il a créée ne peut conduire qu'au scepticisme. Il vient d'être combattu par mon ami Schlosser, d'une manière qui fait autant d'honneur à son cœur qu'à son génie. Je serais charmé de vous communiquer un jour cet écrit en forme de lettres, qui mettra tout juge impartial à portée de prononcer entre les deux partis. »

Schlosser avait, comme on sait, épousé la sœur de Gœthe, cette Cornélie dont l'auteur de Faust nous a tracé un si beau portrait dans ses souvenirs de jeunesse. La mort prématurée de Mme Schlosser inspira à Pfeffel de profonds regrets. Il l'annonçait ainsi à M. Sarasin, 11 juin 1799 (trad. de l'allemand):

« La noble, l'excellente Mme Schlosser est maintenant *un véritable ange*. Hier ses dépouilles mortelles ont été confiées à la terre. Donnez une larme à cette tombe qui s'est ouverte si vite, et souvenez-vous de la grande pensée de Haller : « Aucun sépulcre ne peut emprisonner un esprit. » La séparation de deux cœurs, unis comme l'étaient ceux de Schlosser et de sa femme, est le plus terrible coup que la mort puisse porter. Vous l'avez peu connue, cette brave et charmante femme ; Lersé et moi, Lersé plus encore que moi, l'avons vue dans ses bons moments, tandis qu'elle ne vous est apparue que déjà très malade. Je faisais une lecture avec la première classe de mes élèves lorsque la nouvelle de sa mort nous parvint. Ce fut un coup de foudre dans notre petit cercle, dont la plupart des membres avaient appris à la connaître chez moi, l'an passé. »

Gœthe marqua le jour de la mort de sa sœur comme un jour sombre, *déchiré* (zerrissen).

Le peu de sympathie de Pfeffel pour Gœthe n'avait nui en rien à l'amitié de Schlosser pour le poète aveugle. Pfeffel n'avait point partagé l'engouement général pour le roman de Werther ; il ne se laissa pas éblouir par le style entraînant de ce livre. Recherchant avant tout les principes qui auraient dû guider l'auteur dans une œuvre dont le sujet est trop sérieux pour pouvoir être considéré comme une composition frivole, il n'y trouva rien qu'une fiévreuse divagation, les rêves d'une imagination malade, les déceptions d'un esprit mal fait, reliés tant bien que mal à ce dénouement tragique que l'on trouve inscrit sur la dernière page de quelques grandes vies de l'antiquité. Pfeffel résuma ses impressions dans sa poésie épigrammatique intitulée *Caton*. Il représente l'ombre d'un *nain* gravissant péniblement les bords du Cocyte :

« Son crâne était ouvert et vide de cervelle,
Il aperçoit Caton.
Il va droit au Romain, le toise, l'interpelle :
Frère Caton, salut.... ta main ; tu vois en moi
Un digne émule, un brave comme toi. —
Hé ! doucement ; point de méprise,
J'ignore en vérité,
Reprit Caton avec surprise,
D'où me viendrait la confraternité[1]. »

Le *nain* réplique par une plaisante exposition du roman de Werther, sans oublier la déclaration au clair de lune, et finit par l'éloge de sa mort, celle d'*un sage*, comme il lui plaît de l'appeler.

Là-dessus Caton lui répond vertement, et regrette qu'aux

[1] Traduction des poésies de Pfeffel par M. Paul Lehr.

enfers même, on ne puisse être à l'abri des insultes des fous. Cette épigramme eut du retentissement, et fit sourire beaucoup de ceux que le livre de Gœthe avait d'abord fait rêver. Gœthe ne la pardonna jamais à Pfeffel, et malgré l'intimité de celui-ci avec Schlosser, Gœthe ne vint point à Colmar lorsqu'il visita l'Alsace. Il affecte même dans ses mémoires de passer sous silence tout ce qui a rapport à Pfeffel, exaltant fort au long des individualités alsaciennes dont peu de personnes se souviennent aujourd'hui. Il fit voir, dans cette circonstance, que les grands génies ont quelquefois dans leur vie des moments où ils se laissent gouverner par des petitesses de caractère peu compatibles avec l'élévation d'esprit et de cœur qui devrait toujours accompagner le vrai talent.

M. Stœber parle ainsi, dans son extrait de la correspondance de Pfeffel, de ses relations avec Schlosser (trad. de l'allemand) :

« Le même amour de la vérité, beaucoup d'analogie dans la manière de juger et de sentir les œuvres littéraires du temps, une grande estime pour l'individualité morale l'un de l'autre, avaient rapproché ces deux hommes. Leur fraternité dura pour le bien de chacun d'eux jusqu'à la mort de Schlosser. La nouvelle de cette mort brisa le cœur du poète aveugle. »

Il l'annonçait ainsi à Jacobi, Colmar le 23 octobre 1799 (trad. de l'allemand) :

« Je t'écris, cher ami, le cœur transpercé. Ce matin, ma fille Caroline reçut la nouvelle que notre bien-aimé Schlosser a été emporté rapidement par une fièvre inflammatoire. Je ne sais pas si je serai le premier à te donner cette triste nouvelle ; mais, ce que je sais, c'est que personne, non, personne, ne pourra t'annoncer le départ de cet ami si noble, si grand, si incomparable, avec un sentiment plus profond de sa perte. Depuis plusieurs mois je ne t'avais plus écrit, et maintenant je romps ce silence pour verser mon chagrin dans ton cœur, et pour te dire, ce que tu sais aussi, c'est que, ni pour toi, ni pour moi, Schlosser ne pourra être remplacé. »

Pfeffel avait été nommé membre de la Société Helvétique, qu'il eut l'honneur de présider en 1785. Il ouvrit la séance par un discours remarquable sur l'état militaire de l'Europe avant l'invention des armes à feu, et sur l'influence de cette invention dans cette partie du monde, et dans la Suisse en particulier. Ce discours fut imprimé en 1786. Ces préoccupations guerrières qui étonnent chez un poète aveugle, nous surprendront moins lorsque nous nous rappellerons que Pfeffel dirigeait une académie militaire, et qu'une bonne partie des jeunes gens qui s'élevaient là étaient destinés au métier des armes. Pfeffel s'occupait souvent avec le sérieux et la conscience qu'il mettait à toute chose de tout ce qui tient à l'art de la guerre. Il étudia judicieusement la tactique, les manœuvres, les fortifications, le perfectionnement des armes et des uniformes.

. . . .

Lorsque la révolution éclata, Pfeffel, libéral comme tous les esprits éclairés, avait nourri de généreuses espérances. Mais ces premiers élans d'une âme passionnée pour le bien, devaient bientôt se changer en douloureux serrement de cœur à la vue des maux dont la France fut le théâtre pendant 3 ans. On sait que ce qui se disait et se faisait à Paris, avait dans chaque province son écho et son imitation. Chaque chef-lieu de département ou d'arrondissement était en quelque sorte une contre-épreuve de la métropole, et possédait comme celle-ci ses clubs, ses orateurs, ses comités, ses journaux, ses dictateurs, ses tyrans, au besoin même ses bourreaux. Colmar n'y put échapper, et paya son tribut à cette grande et terrible époque. Son antique cathédrale, dépouillée de ses ornements, devint *le temple de la Raison*, et vit s'élever sous ses gothiques arceaux une espèce de monticule factice où s'accomplissaient les cérémonies en l'honneur de l'*Etre Suprême*. Une des plus belles jeunes filles de la ville, celle dont les traits rappelaient le mieux la Minerve de Phidias, représentait la *Déesse Raison* dont on célébrait le culte en déraisonnant autant que possible.

Toutes les maisons de la rue des Blés, où demeurait Pfeffel, étaient désertes. Les habitants, déclarés suspects, avaient été transportés dans les cachots de Langres. Schneider, envoyé par la Convention, présidait à Strasbourg un tribunal dont la raison dernière était l'échafaud. Bien des têtes avaient déjà été abattues. Schneider, jaloux d'étendre sa domination sur toutes les villes d'Alsace, s'était annoncé à Colmar. Pfeffel ne voulait pas se laisser surprendre par l'avenir, il avait assez de courage et de tranquillité d'âme pour se mesurer avec le sort, quel qu'il fût. Conduit par son gendre, M. Berger, il allait souvent au club des Jacobins, où il entendit maintes fois des motions prononcées contre lui, puis aussi quelques voix modératrices qui s'écriaient : « Non, non, pas d'arrestation ! Laissez en repos un citoyen âgé et aveugle. » Cependant la triple aristocratie d'une naissance patricienne, d'une grande fortune et d'un grand talent auraient été des titres trop bien constatés pour ne pas aboutir à la prison ou à la mort, si Pfeffel n'avait eu dans les rangs du peuple un défenseur puissant. C'était un homme nommé Stockmeyer, appartenant à la corporation des pêcheurs, que sa taille gigantesque et sa force musculaire avaient fait surnommer l'Hercule alsacien. Nature franche, bonne, courageuse, douée de cette vigueur physique admirée et respectée des nations sauvages, et dont les sociétés civilisées subissent l'influence aux époques de troubles où les lois ne sont plus rien, et où les instincts gouvernent seuls. Stockmeyer affectait les dehors des républicains avancés de ce temps. On l'a représenté dans son costume habituel, avec la carmagnole, le bonnet rouge, tenant à la main un jeune arbre dépouillé de son feuillage et qui rappelait la massue du Dieu de la force auquel on l'avait comparé. L'Hercule alsacien voulait aussi couper une des têtes de l'Hydre, et c'était Schneider qu'il avait désigné. Lorsqu'au club on s'avisait de parler contre Pfeffel, Stockmeyer brandissant son arme terrible disait en faveur du poète aveugle quelques mots auxquels sa pantomime énergique prêtait une éloquence toute particulière. Stockmeyer avait pris l'énergique résolution de délivrer la province de l'oppression de Schneider, lorsque les événements du 9 Thermidor se chargèrent d'accomplir l'œuvre qu'il avait méditée. Pfeffel, toujours semblable à lui-même, s'était montré ami courageux et dévoué pendant ces temps d'anarchie et de terreur. Un de ses anciens élèves, le fils du général de Custine, avait passé 9 jours caché dans la maison de son vieil ami. Les visites domiciliaires étant à craindre à tout instant, M. de Custine se tenait pendant le jour dans une profonde armoire pratiquée dans le mur du cabinet de travail de Pfeffel, et il n'en sortait qu'à la nuit. L'infortuné Custine quitta cette retraite pour se rendre à Paris où le deuil qu'il porta pour son père l'envoya à l'échafaud. Cette mort navra le cœur de Pfeffel. Il devait l'être davantage encore. Son fils, blessé, malade, avait quitté l'armée républicaine des frontières, pour venir expirer dans la maison paternelle. Pfeffel l'annonce dans une lettre à M. Augustin Perrier.

Colmar, ce 17 Thermidor, an VI.

« Les jours qui se sont écoulés depuis votre départ ont été pour moi et pour les miens des jours d'amertume et de larmes. Mon bon, mon cher Auguste est mort dans mes bras le 11 de ce mois. Je laisse à votre cœur, mon ami, le soin de faire le commentaire de ce que vous venez de lire. Le mien est déchiré, sa plaie ne se fermera jamais. Mais l'idée du bonheur qui, selon mon intime conviction, est réservé aux âmes pures et vertueuses, me donne la force de résister à ma douleur et même celle de jeter quelquefois un regard serein sur la tombe d'un enfant que sa dernière visite avait encore rendu plus cher à mon cœur. Je ne lui envie point son bonheur; mais, qu'il me tarde, mon ami, de le partager! Auguste était de votre âge; il n'avait point vos talents, mais il avait de l'honneur, de la probité, et une horreur courageuse pour le vice. Ce sont là les qualités qui constituent la maturité d'une âme destinée à une carrière immortelle. Il a rempli celle d'ici-bas, et son père porte encore le poids de sa pénible existence. Je continuerai à la porter, et mes amis continueront à me la rendre supportable. »

A cette douloureuse épreuve il s'en joignit une autre. Pfeffel vit son frère Christian proscrit, dépouillé de ses biens, exposé aux plus grands dangers. Chaque jour lui apportait quelque message d'exil, de proscription ou de mort qui l'atteignait dans la personne d'un ami ou d'un élève tendrement aimé. Frappé de tant de côtés à la fois, le vieillard sentit ses forces décliner, et sa santé reçut les premières atteintes des longues souffrances qui accompagnèrent les dernières années de sa vie.

. . . .

Lors des troubles, l'Académie militaire s'était fermée, Pfeffel ne voulant pas accepter en temps de révolution une responsabilité que les événements rendaient trop lourde. En 1793, la banqueroute républicaine lui enleva les quatre-cinquièmes de sa fortune, héritage paternel accru par ses longs et pénibles travaux. La culture des lettres était redevenue sa seule ressource, elle était aussi, non pas sa consolation, il l'avait placée plus haut, mais sa distraction au milieu de tant de préoccupations pénibles et d'épreuves de famille.

Ce n'est pas sans émotion que nous lisons les lettres qu'il écrivit dans l'attente des cachots et du supplice. Sa muse ne pouvait pas, comme les Hébreux captifs, « suspendre sa harpe aux saules du rivage » ; moins privilégiée, elle devait faire violence à sa douleur, et chanter pour donner à sa famille le pain de chaque jour !... Ce fut le temps de ses meilleures inspirations. M. Paul Lehr en parle ainsi : « Les poésies nombreuses » qu'il composa depuis le moment où nous sommes arrivés » (1793) jusqu'à son dernier jour, sont les plus spirituelles et » les plus philosophiques qui soient sorties de sa plume. » Il écrivit aussi à peu près à la même époque plusieurs gracieuses et charmantes élégies. C'était le temps où les Girondins célébraient leur mort dans un dernier banquet, et s'inspiraient, en face de l'heure suprême, de ces accents que l'amour de la patrie et le culte de la liberté prêtaient à quelques-uns d'entre eux dans cette funèbre agape. Un poète, esprit aimable et charmant, et déjà sur le seuil de la prison où il devait terminer sa vie, Florian entra en 1793 en relations avec Pfeffel. Voici à quelle occasion :

Au moment où la révolution enlevait à Pfeffel ses moyens de subsistance, l'éditeur allemand Cotta s'était montré pour lui un ami dévoué et généreux. Il avait encouragé le vieillard aveugle, que tant d'épreuves frappaient à la fois, à lui adresser ses travaux littéraires. Pfeffel avait joint à ses œuvres personnelles quelques traductions du français en allemand, en quoi il excellait. Une lettre de Pfeffel à Florian nous offre quelques détails sur ce genre de travail :

A M. de Florian.

Ce 4 mai 1793.

« Agréez, Monsieur, les compliments d'un vieux conteur *allemand* sur la charmante collection de vos fables. Je les ai lues avec un plaisir que j'essaierais en vain de vous exprimer. J'ai été enchanté d'y retrouver celle du jeune prince et de son gouverneur que j'avais traduite il y a quelques années sans en connaître l'auteur. Elle avait paru dans le Journal Encyclopédique d'où je l'ai tirée pour en enrichir le recueil de mes apologues. Depuis quelques jours je me suis procuré les vôtres, et je me suis amusé à en traduire encore deux ou trois; je dis *amusé,* parce que jamais occupation ne m'a fait plus de plaisir. Ce plaisir s'est accru par l'idée de celui que je causerai aux Allemands en leur faisant connaître au moins l'ombre de votre génie. Ce n'est pas la première fois que je m'occupe de ses productions; les nouvelles de *Selmours* et de *Claudine* ont fait les délices du public en Allemagne, quoique les traductions que je lui en ai données soient à mes propres yeux insoutenables à côté de leurs originaux; c'est que le Torse du Belvédère quoique mutilé par les Barbares présente encore toujours l'image d'un demi-Dieu.

» Vous dites, Monsieur, dans votre préface, que vous avez emprunté plusieurs sujets à des fabulistes étrangers; je n'ai trouvé dans votre recueil que trois ou quatre apologues qui me paraissent d'origine allemande; s'il y en avait davantage, je vous prierais, Monsieur, de me les indiquer. Les embellissements que ces traductions ont reçus de votre main leur ont ôté tout air étranger, et il pourrait m'arriver que, sans le savoir, je devinsse *le traducteur allemand d'une fable allemande.*

» Je joins ici quelques-unes des miennes qu'une de mes filles[1] a essayé de traduire. Recevez, Monsieur, l'hommage que tous les gens de lettres et tous les gens de bien doivent à la beauté de votre génie et à la sensibilité de votre âme. »

Voici la réponse de Florian :

A Meaux, 25 mai 1793.

« J'ai reçu, Monsieur, avec une reconnaissance bien douce, les éloges beaucoup trop flatteurs que vous avez la bonté de m'adresser sur le petit recueil de mes fables. Vous leur avez fait beaucoup d'honneur en les traduisant. Je suis très porté à croire qu'elles ont gagné en passant dans vos mains, et je le souhaite du fond de mon cœur. Un rival aussi poli et aussi aimable que vous, quoique vainqueur, mérite d'être embrassé.

» J'ai souvent regretté de ne pas savoir la langue allemande, vous ajoutez à ce regret. Je lirais vos ouvrages avec ceux de Gessner qui ont fait les délices de mon enfance, de ma jeu-

1 Mlle Frédérique Pfeffel, morte à Strasbourg en 1841. M. Paul Lehr dit en parlant d'elle: « Elle avait hérité du cœur et de l'esprit de son père. » Remarquablement douée sous tous les rapports, elle avait commencé la traduction des œuvres complètes de Pfeffel. Elle était déjà très avancée dans ce travail, lorsque, en 1825, l'incendie du château de Vizille qu'elle habitait avec la famille de M. Augustin Perrier, détruisit tous ses manuscrits. Découragée par ce malheur, qui lui enlevait à la fois tous ses souvenirs de famille, elle ne recommença pas la tâche à laquelle elle avait consacré tant de veilles et de soins. Quelques-unes seulement des fables que Mlle Frédérique Pfeffel avait traduites et qui avaient été copiées par elle pour ses nièces alors enfants, nous ont été conservées, entre autres celle de *Timante* que Florian cite dans sa lettre à Pfeffel.

nesse, et me charmeront toute ma vie. Si les traductions de *Selmours* et de *Claudine* que vous avez daigné faire étaient aussi imparfaites que votre modestie le dit, on ne les eût pas accueillies dans la langue qui offre tant de modèles du naturel et de la simplicité.

» Vous me demandez la liste des apologues que j'ai tirés de l'allemand; cette liste ne m'est pas très présente; il me semble qu'elle se borne aux fables suivantes : *Le Bœuf, le Cheval et l'Ane; le Crocodile et l'Esturgeon; le Jeune Homme et le Vieillard; le Phœnix;* voilà tout, à ce qu'il me semble; un fabuliste Castillan[1] m'en a fourni davantage.

» Permettez-moi de remercier Mademoiselle votre fille des quatre apologues de vous qu'elle a bien voulu traduire, et que vous avez joints à votre lettre. Le mot qui les termine tous est plein de sel. Celle de *Timante* surtout m'a fait un extrême plaisir; la morale en est juste, profonde, et le sujet fort heureux[2].

» Je vous renouvelle, Monsieur, les expressions de ma reconnaissance et de la haute estime que vous m'avez inspirée. »

FLORIAN.

Le 1er février de la même année, Marmontel avait écrit à Pfeffel aussi à propos de traductions.

A Abbeville près Gaillon sur Seine, le 1er février 1793.

« Je sais, Monsieur, que dans presque toutes les langues de l'Europe les *Contes Moraux* sont assez mal traduits, et à vrai

[1] Iriarte.

[2] Voici cette fable :

Timante.

Timante, l'honneur de la Grèce,
De Jupiter entreprit le tableau.
Ses grands yeux exprimaient son ire vengeresse,
Et chaque main lançait un foudroyant carreau.
Son voisin le voyant crayonner son esquisse :
« Est-ce là, lui dit-il, le père des humains?
« Pourquoi placer la foudre en ses deux mains?
« De laquelle veux-tu que le Dieu nous bénisse? »

dire, il est difficile qu'ils le soient bien. C'est surtout dans le familier noble lorsqu'il est écrit avec soin, que les singularités et l'esprit d'une langue se font sentir; chaque langue a les siennes, et de l'une à l'autre réciproquement, il s'en faut bien que leurs tours, leurs délicatesses, leurs finesses soient transmissibles. La véritable ressource du traducteur sont les équivalents; encore bien souvent ils lui manquent.

» Vous exprimez parfaitement, Monsieur, un principe de goût, en disant que vous vous proposez de donner des traductions *plus fidèles, c'est-à-dire moins littérales*. Votre lettre m'annonce une plume exercée, et celui qui écrit si purement, si élégamment le français, doit le bien traduire. Je suis, Monsieur, très flatté de l'honneur que vous voulez faire à mes contes d'employer votre talent à les embellir. »

MARMONTEL.

A côté de ces préoccupations littéraires, Pfeffel en avait d'autres. Il correspondait avec plusieurs personnes qui lui demandaient les conseils de son expérience, de sa foi, de ses lumières. Un de ses correspondants de cette époque était M. Augustin Perrier. Pfeffel lui faisait parvenir à mesure les lettres qu'il écrivait alors sur les doctrines fondamentales du christianisme. Il en forma plus tard un petit recueil intitulé: « Lettres à Bettina sur la religion[1]. » Pfeffel fait allusion à ce travail dans la lettre suivante à M. Augustin Perrier. Elle nous initie d'une manière intéressante à la largeur évangélique qui a toujours caractérisé le christianisme de Pfeffel. Chez lui, la foi de l'homme dans la force de l'âge est la même que celle du vieillard : elle est restée forte, simple, inébranlable, se tenant strictement à l'évangile, et « en garde (comme il le dit lui-même) contre l'esprit de système. » Son christianisme était comme sa vie, consacré à tous; et loin de se séparer de ses amis pour des divergences d'opinions d'une importance se-

[1] Cet ouvrage, qui n'a été répandu dans le public qu'en 1824, a été parfaitement traduit en français par M. Willm, inspecteur de l'Académie de Strasbourg.

condaire, il leur restait uni, en leur montrant le but suprême, le phare divin vers lequel ils tendaient tous, les uns en traversant les orages du doute philosophique, les autres en passant par les nuées du mysticisme.

M. Augustin Perrier.

13 Floréal, an III.

« J'ai reçu, il y a deux jours, le 1er numéro du Journal des Arts et Manufactures; c'est apparemment une suite de la bonté qu'a eue M. votre frère de me proposer pour correspondant à la commission qui en dirige la rédaction. Quoi que vous me disiez pour me rassurer sur mon inaptitude à remplir ce poste de confiance, je vous avoue, mon ami, que j'ai été tout-à-fait abasourdi en lisant ce que vous m'en dites dans votre lettre. Je n'ai jamais pu approuver les gens qui, avec le sentiment intime de ne pouvoir faire une chose qu'à demi, osent néanmoins s'en charger, ou consentent à passer pour capables de s'en acquitter. Je n'entends rien ni à l'agriculture ni aux manufactures; je n'ai même ni ne puis avoir qu'une connaissance très imparfaite de la presque totalité des arts. Vous devez en convenir, mon ami, et vous auriez dû en prévenir votre trop bon ou trop indulgent beau-frère; car enfin, un correspondant est fait pour correspondre, et je ne veux ni me taire, ni écrire des platitudes.

» A propos de correspondance, celle sur la religion languit depuis quelque temps par la multiplicité de mes occupations. Je suis bien peiné de ne plus pouvoir faire qu'à *bâtons rompus* un travail auquel je m'étais livré *con amore*, comme disent les Italiens. Je n'ai encore que seize lettres qui vous seront complétées à mesure. Vous me dites, mon cher ami, que vous n'êtes pas d'accord avec moi sur plusieurs points. Je n'en suis pas étonné; et je vous avoue que je le serais bien davantage du contraire; cette discordance est une suite naturelle de votre éducation. Dans votre religion, tous les dogmes sont fixés sans retour. L'Eglise a tout examiné, tout déterminé pour les races passées, présentes et à venir; ma religion, au contraire, me permet ce que la vôtre vous défend; elle m'ordonne même d'examiner et de n'adopter que ce que ma raison et ma conscience reconnaissent pour vrai et bon. Je suis bien éloigné de fronder ou de déprécier cet abandon, cette quiétude de vos orthodoxes; elle est un grand bien, un bien digne d'envie pour ceux qui peuvent s'en accommoder. Mais je leur conseille de ne jamais sortir de leur état passif, et de ne pas même se permettre des recherches sur la foi des autres sociétés chrétiennes; car s'il leur arrive de concevoir un seul doute sur telle ou telle partie de la doctrine œcuménique, c'en est fait de leur repos; ils seront beaucoup plus mal à leur aise que nous autres qui croyons qu'on peut être un bon et vrai chrétien sans souscrire à tous les articles des Confessions d'Augsbourg ou de Genève. Au reste les lettres que vous possédez ne sont pas encore suffisantes pour vous donner une idée nette de ma croyance; elle est le fruit de trente années de recherches et de méditations sur l'Evangile. Dans mes recherches je me suis surtout mis en garde contre l'esprit de système, ou, pour mieux dire, contre cette manie des théologiens, de remplir les lacunes que la révélation, ou les bornes de notre esprit sur lesquelles elle est calculée, laissent à nos connaissances. En religion comme en poésie, les *chevilles* ne valent rien. Ces lacunes ne m'empêchent pas d'être aussi convaincu que vous pouvez l'être de la divinité du christianisme, et de chercher ma félicité dans la pratique de sa morale. A propos de morale, je souscris au jugement que vous portez sur le système de Bernardin. En croyant prendre la marche de la nature, cet excellent homme s'en écarte à coup sûr. Ce n'est pas hors de nous, c'est au-dedans de nous qu'il faut chercher le principe fondamental de toute morale. L'accord de nos penchants et de nos passions forme sans doute cette harmonie métaphysique que les moralistes grecs ont appelée *Musica;* mais ce n'est pas le spectacle de la nature physique, c'est le désir, c'est le besoin, c'est l'aptitude que nous nous sentons d'être heureux, qui doit servir de base à la morale philosophique comme à la morale religieuse. Mais brisons là-dessus. Je ne puis vous présenter que des idées tronquées qui, faute d'être développées, peuvent aisément être mal entendues. »

Les destinées de la France occupaient beaucoup Pfeffel. Il y réfléchissait avec l'esprit juste, le parfait bon sens, la loyauté de cœur qu'il mettait à toute chose.

Il ne se faisait pas illusion sur les fluctuations incessantes de l'époque orageuse qui avait succédé au régime de la Terreur. Nous le voyons par la lettre suivante :

A Monsieur Augustin Perrier.

A Colmar, ce 18 Fructidor, an III.

« J'ai trouvé votre lettre à mon retour d'un voyage que j'ai eu enfin le bonheur de faire à Bâle, où j'ai passé huit jours complets au sein de l'amitié et de la *véritable liberté*. A mon retour, mes occupations qui s'étaient accumulées pendant mon absence, ne m'ont pas permis de vous répondre d'abord, pas même aux articles auxquels ma lenteur a fait perdre le mérite de l'à-propos que j'aurais pu leur donner. Vous jugez bien que je veux parler de l'acte constitutionnel que nous sommes à la veille d'accepter, sinon avec la même docilité, du moins avec la même promptitude que la Convention a mise à y souscrire. Les articles qu'elle y a changés m'ont fait désirer comme à vous, que sa conduite eût été encore plus passive, surtout relativement à l'âge et aux qualités requises pour l'éligibilité des membres du Conseil des Cinq cents. Mais quand même on ne l'aurait pas dit, on se serait aperçu de reste que ces Messieurs prêchaient pour leur paroisse, et je prévois que les altérations que le plan de la Commission a éprouvées dans cette partie, ne feront pas un effet moins funeste que le Décret qui oblige ou veut obliger les Corps électoraux à conserver pour la nouvelle Législature les deux tiers des membres de l'assemblée actuelle.

» La responsabilité des représentants envers leurs commettants est selon moi la seule et unique garantie légale d'une Constitution. Mais ce n'est pas dans une lettre que j'entreprendrai de discuter les moyens de l'établir. En attendant je prendrai le parti de numéroter nos différentes Constitutions, très persuadé que la troisième en enfantera une quatrième; heureux si cette généalogie ne s'étend pas plus loin.

» Je n'ai point lu l'ouvrage de Mme de Staël, mais bien ceux de Mme Roland. Tout en souscrivant au jugement que vous en portez, je ne voudrais avoir eu cette femme ni pour épouse ni même pour amie. *C'était une excellente connaissance à fréquenter*. Adieu, etc. PFEFFEL. »

La correspondance de Pfeffel avec son jeune ami Augustin Perrier nous a donné une idée de son libéralisme, et de la part qu'il faisait à l'individualité dans le gouvernement moral d'une nation. Mais s'il avait vivement senti l'injustice des priviléges du régime féodal, il n'avait pas été enchanté non plus de la « République une et indivisible. » A ses yeux, la liberté était sainte, grande, éternelle, « fille du Ciel, » comme il la nomme dans une de ses poésies, et il avait l'extrême douleur d'assister à toutes les saturnales, à toutes les iniquités qui se commettaient sous ce nom sacré. Il décrit ses impressions sur ce sujet dans les vers suivants: [1]

O Dieu! combien déjà la révolution
N'a-t-elle pas dans ses abîmes
Englouti de héros, de martyrs, de victimes?.....
« Et pourtant, dit Cébès, en mainte occasion
Ta muse l'a chantée avec effusion! —
Oh! oui, comme un retour aux droits imprescriptibles
De la justice et de l'humanité;
Mais ai-je aussi chanté tous ces bourreaux terribles
Qui les souillaient? Non, non, jamais en vérité!
Avec horreur j'ai vu ces scènes de vengeance,
De sanglante anarchie, et n'ai point exalté
L'arrogant dictateur, le Cromwell de la France.
Et quand le roi Louis sous le fer des bourreaux

[1] Traduction des poésies de Pfeffel par M. Paul Lehr,

Dut payer, innocent, les fautes de ses pères,
J'ai pleuré son trépas qu'il subit en héros..... »

Pfeffel se sentait ému d'une douloureuse sympathie en pensant au sort de Mme Royale. L'an IV, en Nivôse, cette jeune princesse avait quitté sa prison du Temple pour être conduite à Bâle et y être échangée contre les Français faits prisonniers par l'Autriche. Peut-être ne lira-t-on pas sans intérêt quelques-unes des lettres du fils de Pfeffel à son père; elles donnent sur Mme Royale certains détails que nous n'avons pas trouvés dans la notice biographique que M. Sainte-Beuve a écrite sur cette princesse.

Au citoyen Pfeffel père.

Bâle, 6 Nivôse, an IV.

« Dans la nuit du jeudi au vendredi la fille de Louis XVI est arrivée à Huningue, accompagnée de Mme de Soucy, d'une femme de chambre et d'un domestique. Elle a séjourné sur la frontière jusqu'à ce que les Représentants, contre lesquels elle devait être échangée, aient pu s'être mis en route de Fribourg, pour arriver également sur la frontière de la Suisse. Les choses étant entièrement réglées hier, vers les 6 heures du soir, la voyageuse est partie de Huningue; elle a été reçue sur les limites par le prince de Gavre, et sans s'arrêter elle a pris la route de Rheinfelden, en faisant le tour extérieur des murs de Bâle. Je ne l'ai point vue, l'entrée de Huningue ayant été défendue à tout le monde pendant son séjour dans cette ville. M. Bacher a été la voir à différentes reprises; il paraît qu'on a témoigné à la princesse beaucoup d'égards pendant la route. De son côté, M. Bacher est allé recevoir les Représentants à Riehen (canton de Bâle), avec lesquels il entra hier soir en ville. Aujourd'hui ils dîneront chez l'ambassadeur. »

Bâle, 8 Nivôse, an IV.

« En vous rendant compte avant-hier de l'échange de la fille de Louis XVI, je vous dis, mon cher père, qu'elle avait seulement fait le tour extérieur de la ville de Bâle. J'avais écrit ma lettre samedi soir, et j'ignorais alors que l'on avait changé de projet et qu'on la ferait traverser la ville. En effet, entre les 9 et 10 heures, le cortége fit son entrée avec le moins de bruit possible, de sorte qu'il était déjà de l'autre côté du Rhin, avant que le public eût seulement appris qu'il devait passer. Quoique je me fusse trouvé à la fenêtre au moment du passage, l'obscurité m'empêcha de distinguer la moindre chose.

» La princesse a témoigné beaucoup de regrets de quitter la France, et des témoins oculaires m'ont assuré qu'à l'instant où on lui dit qu'elle se trouvait aux limites, il lui prit un frisson et que les larmes lui vinrent aux yeux. Elle paraît avoir été infiniment satisfaite des égards que son conducteur avait ordre de lui témoigner pendant la route, et elle lui en a exprimé sa reconnaissance. En quittant Huningue, elle embrassa l'aubergiste, sa femme et ses enfants, les remercia des soins qu'ils avaient pris d'elle, et leur fit quelques petits présents.

» La plus grande partie des Représentants, Ambassadeurs, etc., etc., se sont déjà mis en route pour se rendre à leur destination ; ceux qui se trouvent encore ici partiront dans la journée.

» Les citoyens français détenus prisonniers d'Etat en Autriche ont été traités avec la dernière rigueur; ils étaient tous séparés et enfermés dans des cachots; on ne leur permettait de prendre l'air que tous les huit jours. On assure que cette détention de 32 mois a eu une influence funeste sur le cerveau du Représentant Bancal, qui ne parle pas et a toujours les larmes aux yeux. Il est à croire que, rentré dans le sein de sa famille, il recouvrera entièrement la santé. Camus a encore tiré quelque profit de son malheur; il a appris l'allemand. Le ministre Beurnonville a été un peu moins mal traité que ses compagnons d'infortune. »

Bâle, le 27 Nivôse, an IV.

. . . .

« Voici encore quelques détails à ajouter sur ce que je vous ai déjà marqué relativement à la *jeune personne* échangée dernièrement à Bâle.

» Elle demanda en route à sa gouvernante ce qu'elle croyait qu'on ferait d'elle à Vienne?

» Mme de Soucy répondit : Vous épouserez peut-être un archiduc.

» — Mais vous n'y pensez pas; ne sommes-nous pas en guerre avec l'Autriche? Jamais je ne m'unirai à un ennemi de la France.

» — Vous serez peut-être un ange de paix !

» — Dans ce cas, je ferai volontiers ce sacrifice à ma patrie.

» Il n'est pas moins intéressant de remarquer que la *jeune personne* pria le prince de Gavre de lui éviter la rencontre ou la visite des émigrés, ce qui lui fut accordé sans peine. »

Bâle, 14 Pluviôse, an IV.

« La cour de Vienne animée sans doute par un esprit de parcimonie qui ne lui a jamais été étranger, vient de renvoyer Mme de Soucy et tous les Français qui ont accompagné la fille de Louis XVI dans son voyage, à l'exception du valet de chambre Hue. Ces personnes arriveront incessamment à Bâle, où elles attendront l'autorisation du Gouvernement français pour rentrer dans leur patrie; j'espère qu'elle ne leur sera pas refusée. Le procédé des Autrichiens me paraît bien déloyal; aussi je pense que les individus renvoyés ne chanteront pas leurs louanges. »

Au milieu de la tourmente révolutionnaire et des secousses qui en furent la suite, la maison Pfeffel était le centre d'un petit cercle d'amis qui reprenaient force et courage au contact de la sérénité d'âme de l'illustre vieillard que les épreuves avaient frappé, mais non pas abattu, et qui trouvait la consolation suprême de son infortune dans le soulagement de celle des autres. Dans ce groupe d'amis, la famille la plus distinguée et la plus intimement liée avec Pfeffel et les siens était celle du baron de Bergheim, dont la fille Henriette épousa dans la suite

M. Augustin Perrier. Puis une jeune personne orpheline, à laquelle le poète aveugle avait servi de père dans toutes les circonstances difficiles de la vie. Elle descendait de la plus ancienne famille noble d'Alsace et s'appelait Annette de Rathsamhausen, plus tard Mme de Gérando. C'est d'elle que Pfeffel parle dans une lettre à M. Sarasin.

Colmar, 21 Août 1795.

(Traduit de l'allemand.)

« Dimanche passé la foudre est tombée sur la demeure de ma chère Annette et sur la grange de la fermière, veuve, mère de huit orphelins, et dont le mari avait été soigné, et préparé à la mort par ma femme l'hiver dernier. La foudre a tout détruit; une portion même de la maison d'habitation est fortement endommagée. Annette se montra digne d'elle dans cette terrible circonstance. Elle se jeta dans les flammes pour sauver le plus jeune enfant de la pauvre veuve. Ma noble amie a vu ses vêtements prendre feu sur elle, elle a une brûlure à la jambe, heureusement point dangereuse, et sa lettre à ma fille Frédérique en parle sans dire seulement de quelle circonstance provient cette blessure. Nous l'avons appris par le messager qui a apporté sa lettre. »

Pfeffel écrivit en 1798 la gracieuse poésie qui a pour titre: *Une fleur d'hiver dans la couronne d'Annette.* Vers la même époque, il dédia à M. de Gérando son bel et philosophique apologue de *Jupiter et Démocrite.*

Cependant les institutions d'utilité publique, un moment emportées par l'orage de 1793, renaissaient peu à peu. Dans la réorganisation des écoles, comme plus tard dans celle des cultes, la sagesse, les lumières, le dévouement de Pfeffel furent constamment mis à l'épreuve. C'était la plupart du temps des travaux ardus, secs, n'offrant nul attrait ni pour le philosophe ni pour le poète. Mais partout où Pfeffel pensait pouvoir être utile, il ne reculait pas devant les emplois les plus humbles. Nul homme peut-être n'a montré un exemple plus complet de la chrétienne abnégation du *moi* poétique et littéraire en présence des devoirs de l'homme et du citoyen.

Il écrivait à M. Augustin Perrier :

Colmar, 22 Ventôse, an IV.

« Les vents et les pluies qui ont rendu cet hiver si funeste aux gens attaqués de rhumatismes, n'ont pas manqué non plus d'exercer leurs sinistres influences sur ma pauvre tête, et je ne me suis trouvé soulagé, ou pour mieux dire « distrait » de mes souffrances qu'en cherchant le plein air ou la société de personnes qui voulussent bien me tolérer avec mon air sombre et maussade. Il est vrai que j'ai encore eu des distractions d'un autre genre qui, *sans être tout à fait de mon goût,* ont quelquefois trompé mes ennuis. J'ai été nommé par le Département membre du jury central d'instruction publique pour l'organisation de l'Ecole centrale, et comme on m'a associé mes anciens collègues, je me suis livré avec d'autant moins de répugnance à ce nouveau travail qui, dans d'autres moments, ne m'eût donné que du plaisir.

» Je suis charmé de l'intérêt avec lequel vous avez lu la morale de Gellert, et je partage sous tous les rapports le jugement que vous portez sur ce qu'on a substitué parmi nous aux leçons de vertu que la philosophie se plaisait autrefois à emprunter à la religion. En matière de philosophie, j'entends par *religion* la théologie naturelle dans ses liaisons avec le dogme de l'immortalité de l'âme, sans lequel la morale n'a peint que la superficie de notre être, et ne vous dicte que les devoirs, à la pratique desquels nous pouvons être forcés par les lois. Tous les autres n'ont pour boussole que l'égoïsme toujours empressé à resserrer le domaine de la conscience.

» Ce que vous me dites des amusements de votre pays, s'applique aussi au nôtre, aux théâtres de société près, qui n'ont pas eu lieu cette année. Ce phénomène ne me surprend pas; on s'avise quelquefois de crier et de chanter pour ne pas entendre les hurlements des autans et le bruit du tonnerre. Nos amusements d'hiver ont été bien plus simples, les deux familles se sont réunies pour causer, ou pour faire des lectures plus souvent allemandes que françaises, et ce dernier exercice se continue encore les après-souper.

» Adieu, mon cher ami. » PFEFFEL.

A cette époque, Pfeffel était un des principaux collaborateurs d'une publication allemande, appelée *Flora*, et dans laquelle notre poète écrivait des nouvelles en prose[1]. Il s'y montra moraliste achevé et peintre habile du cœur humain. Les caractères féminins surtout sont des esquisses remarquables par une touche fine et ferme tout à la fois, et par une élévation de principes et une noblesse d'allures qui semblent être, de la part de l'auteur, l'expression du désir généreux et constant de la réhabilitation de la femme. Il y a dans ces simples histoires un charme touchant qui attire et qui pénètre, une magie honnête et douce qui ne nous fait voir que des régions sereines et de purs horizons.

Ces aimables récits étaient débattus en famille. C'étaient Annette, les filles du poète, leurs amies de Bergheim, fleurs charmantes, pleines de sève et de parfums, qui fournissaient, sans s'en douter, le miel de cette ruche littéraire. Une lettre de Pfeffel à Augustin Perrier nous initie au partage original et gracieux, dont l'auteur était l'arbitre, entre l'idéal et la réalité.

A Monsieur Augustin Perrier.

Colmar, le 16 Frimaire, an VI.

«....Vous ne vous êtes pas trompé, mon cher ami, en croyant apercevoir dans l'histoire de « *Louise* » des rapprochements que je n'ai tâché de voiler qu'autant qu'il le fallait pour ne pas rendre mes portraits trop ressemblants, ou pour mieux dire, pour ne pas pécher contre la délicatesse par une imitation trop fidèle de la nature. C'est Henriette à laquelle j'avais laissé le

1 Ces nouvelles éparses, recueillies plus tard en 10 petits volumes, ont été publiées par Cotta.

choix entre deux dénouements qui m'a décidé pour celui que j'ai donné à cette histoire. Frédérique, Annette et Louise de Dietrich n'ont fait que confirmer le choix de leur amie. Aussi n'ai-je pu m'empêcher de sourire lorsque, il y a trois mois, me trouvant à la promenade avec les deux sœurs aînées et la conversation étant tombée sur « *Louise* », Henriette me dit que vous aviez observé que mon héroïne n'était pas une Française. — Je le crois bien, repris-je d'un ton laconique; et en effet, mon cher ami, j'aurais été fâché que vous eussiez cherché ailleurs qu'autour de moi les originaux de mes portraits. Annette et Louise de Dietrich m'ont aussi fourni quelques traits pour celui de mon héroïne, mais malgré cela je n'ai pas douté que vous ne reconnussiez la personne que j'avais en vue, à la physionomie prononcée que je lui ai donnée. Dans quelques semaines je compte vous envoyer une histoire en lettres qui peut faire le pendant de « *Louise* » et dont les trois quarts ont déjà paru dans *Flora*.

» Je suis occupé dans ce moment à faire le triage et l'inventaire de tous mes papiers, afin de mettre le successeur de mon secrétaire, M. Buxtorf, à même de s'orienter. Les lettres que j'ai été obligé d'écrire pour le remplacer et l'ennuyeuse revue de mes armoires m'ont empêché de répondre à notre philosophe des Alpes[1], avec lequel il me serait bien plus doux et bien plus aisé de converser de bouche que par écrit. Ce que vous me dites de ses manuscrits me le rendrait plus intéressant encore, si, dans les entretiens que nous avons eus ensemble, je n'avais démêlé en lui cet esprit juste et profond, et surtout ce *sens moral* (pour me servir d'une expression anglaise) qu'à l'exception de Pythagore et de Socrate j'ai rencontré chez peu de philosophes anciens, et que parmi les modernes Jean-Jacques seul me paraît avoir possédé à un degré éminent. Et ce Jean-Jacques lui-même, pourquoi faut-il oublier ses confessions quand on veut le mettre en parallèle avec Socrate ? »

[1] Camille Jordan.

Comme membre du jury de l'instruction publique, Pfeffel reçut de François de Neufchâteau la lettre suivante :

Paris, 15 Frimaire, l'an VII
de la République française une et indivisible.

LE MINISTRE DE L'INTÉRIEUR

Au citoyen Pfeffel.

« Citoyen, je suis doublement reconnaissant de la peine que vous avez prise de traduire en allemand l'imitation en vers français des distiques de Muret, et de votre attention de m'en adresser un exemplaire. Je ne doute pas que le texte n'ait beaucoup gagné sous votre plume. J'ai cru que les maximes de Muret rendues en vers français pourraient être de quelque utilité à l'instruction de la jeunesse. C'est sans doute le même motif qui vous les a fait passer dans la langue allemande. Je souhaite que l'une et l'autre traduction produisent l'effet que nous nous sommes proposé tous deux; quant à moi, je me trouverai amplement récompensé de ce petit travail, s'il atteint ce but, et s'il peut obtenir l'approbation des hommes de votre mérite.

» Salut et Fraternité. » François de Neufchateau.

Pfeffel avait suivi avec un intérêt sympathique les destinées du Pape dans ses démêlés avec la France. Il écrit à ce sujet à Augustin Perrier.

Colmar, 2 Thermidor, an VII.

« Je trouve cet infortuné vieillard heureux d'être si peu sensible à ce que l'on fait de lui et autour de lui. Lorsque la lie de la coupe est trop amère, Dieu nous l'adoucit en émoussant notre goût. »

A l'époque où nous sommes arrivés, les lettres de Pfeffel à Augustin Perrier portent déjà l'empreinte de la souffrance, sans avoir cependant rien perdu de leur intérêt de cœur à tout ce qui concerne famille, amis, patrie.

Pfeffel ne se faisait pas illusion sur les conséquences du 18

Brumaire, et son jugement sur Buonaparte mérite d'être conservé.

Colmar, ce 24 Ventôse, an VIII.

« Des occupations accumulées et souvent interrompues par des indispositions, suites naturelles de mon âge et de la saison, m'ont obligé, mon cher ami, de différer d'une semaine à l'autre ma réponse à votre bonne lettre du 22 Nivôse. Vous avez bien raison de dire que, sans nécessité, sans motif même plausible, notre ancien gouvernement a précipité la Suisse dans un abîme de malheurs, et j'y ajoute que, de tous les pays que la guerre a ravagés, la Suisse aura le plus de peine à se remettre. Les nouvelles que je reçois de temps en temps des amis qui m'y restent, sont déchirantes, et faites pour arracher à tout cœur honnête des malédictions contre les auteurs et protecteurs des iniquités et des horreurs sous lesquelles gémit cette contrée autrefois si fortunée. Notre gouvernement actuel semble vouloir en arrêter le cours, mais tant que l'armée n'est pas payée et que les généraux et commissaires voraces restent impunis, on ne peut espérer pour les habitants de ce pauvre pays que la cessation de quelques vexations partielles, et l'on doit en effet au général Moreau la justice de dire, que lui et son état-major s'y font autant estimer que Masséna *avec sa séquelle* s'est fait abhorrer. Malheureusement il paraît que les hostilités vont être reprises sur toute la ligne du Rhin, et alors un accroissement de malheurs menace la Suisse.

» Mais au moins cette fois-ci, notre gouvernement n'aura-t-il pas à se reprocher le sang qui va couler de nouveau ; il paraît qu'il a voulu se prêter sincèrement à un arrangement avec l'Autriche et que nos prétentions n'étaient pas exagérées. Je conviens que cette démarche de notre part n'était pas bien méritoire; le peuple est mécontent, nos ressources sont épuisées, et nos nouveaux gouvernants, en faisant la Révolution du 18 Brumaire, nous ont si solennellement promis la paix, qu'il fallait nous la donner même au prix de quelques sacrifices, s'ils ne voulaient compromettre le repos de la France et surtout leur propre existence. Aussi assure-t-on de bonne part que le Premier Consul va faire publier toutes les pièces relatives à la négociation avec l'Autriche, afin de prouver à tous les Français et à toute l'Europe que ce n'est pas à notre gouvernement qu'il faut imputer la continuation de la guerre.

» La réponse que je pourrais faire à la question que vous me proposez relativement à notre nouvelle Constitution serait un peu tardive. Je me bornerai donc à vous dire que cette nouvelle forme me paraît excellente pour un gouvernement provisoire, mais absolument incompatible avec le régime républicain. Cependant, convaincu comme je le suis *que la presque totalité de la nation française ne mérite rien de mieux, et que Buonaparte est plus propre que tout autre à la sauver s'il y a moyen,* je n'ai pas balancé un instant à signer cette nouvelle Charte qui, à vue de pays, ne sera pas la dernière, et qui, sans parler des vices et des lacunes qui la défigurent, *me paraît calquée sur l'individu de Buonaparte,* sans convenir à aucun autre qu'on revêtirait de la dignité de Premier Consul. Il est aisé de prévoir les conséquences inévitables de ce défaut, comme il est aisé de sentir pourquoi on ne l'a pas évité. Le rappel de Camille (Jordan), qui me fait un plaisir inexprimable, vous fera sans doute partager l'idée favorable qu'il nous a donnée de la justice du gouvernement ; mais cette justice ne sera qu'une inconséquence tant qu'on ne rappellera pas tous les proscrits sans distinction, ou qu'au moins on accordera des juges à ceux qui en demanderont.

» Je viens de recevoir l'ouvrage de De Gérando, et quoique la matière qu'il traite me soit à peu près étrangère, je ne le lirai pas avec moins d'attention, et avec tout l'intérêt qu'inspire son estimable auteur et la réputation brillante que ce coup d'essai lui a donnée. »

Pendant que Pfeffel échangeait ses idées sur la France avec Augustin Perrier, il entretenait avec Jacobi de Fribourg une active correspondance. Jacobi était un des rédacteurs d'un journal littéraire appelé le Porte-feuille (*Taschenbuch*), et il s'adressait souvent à Pfeffel pour sa collaboration littéraire. Les lettres de Pfeffel, à côté de ce qui concerne le journal de Jacobi, contiennent de temps à autre quelques nouvelles ayant rapport à des amis communs, Jung Stilling, Annette de Rathsamhausen, Schlosser, Lersé. Pfeffel termine ainsi qu'il suit sa lettre à Jacobi du 25 janvier 1799:

(Traduit de l'allemand.)

« .....Le chantre des jardins (Delille) n'est pas à Paris, et sa compagne est malheureusement encore avec lui à Brunswick. Deux libraires de ma connaissance lui ont offert 10,000 écus pour la traduction en vers de l'*Enéide*. Il ne veut leur accorder les droits de propriété que pour 3 ans, pensant ainsi laisser, en cas de mort, une ressource à sa chère Antigone. »

Cette Antigone n'était pas toujours de l'humeur la plus gracieuse. Pendant un séjour que Delille fit chez Pfeffel, le chantre des jardins et sa digne moitié se querellaient souvent. Un jour, l'Antigone jeta même un livre assez gros à la tête de Delille qui s'écria : « Hé Madame, veuillez une autre fois mettre vos amitiés en un plus petit volume! »

A peu près à la même époque, Pfeffel faisait des démarches pour obtenir la radiation de son frère Christian de la liste des émigrés. Christian était à Paris, et Pfeffel s'était adressé pour lui à un jeune homme qu'il connaissait de longue date, et qui n'était pas sans influence, disait-on, auprès de Bonaparte. Pfeffel avait employé dans sa maison, en qualité de femme de charge et de lingère, deux braves vieilles filles, les demoiselles Rapp. Elles avaient un neveu, fils du concierge de l'Hôtel de Ville, et qu'elles envoyaient aux écoles. Presque encore enfant, ce neveu avait pris du service. En ces temps prodigieux, les hommes n'avaient point d'âge, et le soleil levant de la liberté avait mûri subitement pour la gloire de la France une jeune génération de héros. L'an IX de la République, le neveu des braves vieilles filles était un personnage, et écrivait ainsi qu'il suit à Pfeffel :

Paris, le 19 Nivôse, an IX.

« Je sais, citoyen et cher compatriote, que le citoyen votre frère est arrivé dans cette ville depuis quelques jours; je suis bien fâché de ne pouvoir lui annoncer que le Premier Consul a donné l'ordre de sa radiation; mais sitôt qu'il sera rayé, il lui procurera un emploi digne de ses talents et de sa probité. Si j'avais eu le plaisir de le voir à Paris, j'aurais été charmé de lui annoncer cette bonne nouvelle; je vous prie de vouloir bien la lui communiquer.

» Agréez, citoyen, l'assurance de mes sentiments de considération. »

L'aide-de-camp chef de brigade du Premier Consul,
RAPP.

A peu près dans ce temps, Pfeffel fut nommé Secrétaire-Interprète de la Préfecture. Voici comment il annonce cet événement à M. Sarasin :

Colmar, 14 Avril 1801.

(Traduit de l'allemand.)

« ....Je ne sais pourquoi Ehrmann de Strasbourg a fait insérer dans le *Weltboten* ma nomination de secrétaire-interprète de la Préfecture. Il était chez moi lorsque je reçus fort inopinément l'arrêté du Préfet accompagné d'une lettre des plus bienveillantes et qui rehaussait infiniment le prix de la chose. Je trouve merveilleusement surprenant que la République qui, jusqu'à présent, n'a fait que *recevoir* de moi, veuille enfin me *donner* aussi quelque chose. Mon travail, que je puis faire chez moi, est arrangé de manière à me laisser souvent plusieurs semaines libres, ce qui me donne la faculté de pouvoir m'absenter, et dans ce cas, je puis me faire remplacer par un de mes amis.

» Mais tu ne connais pas encore *tous mes emplois d'honneur.* Notre Préfet, M. Noël, l'un des meilleurs et des plus instruits parmi les hommes de la République et qu'on regrette encore beaucoup à Lyon, a fondé ici une Société d'Emulation des sciences, arts et belles-lettres, qui se compose de 36 membres ; M. Noël a été élu Président et moi Vice-Président. De plus, la société compte 12 associés résidant à Colmar, 24 dans le Département, et un nombre indéfini au dehors, parmi lesquels des membres honoraires étrangers. Si nous conservons notre Préfet, nous pourrons, je l'espère, obtenir de beaux et utiles résultats de cette société[1], de laquelle font partie plusieurs hommes distingués, outre les professeurs de l'Ecole centrale.

» Dès que je trouverai une occasion, je t'enverrai le discours de notre Préfet avec la traduction que j'en ai faite. Adieu, mon cher ami. » PFEFFEL.

A M. Noël succéda M. Félix Desportes, qui n'eut garde de laisser inexploités la bonne volonté et les talents de Pfeffel. Dans cette place de secrétaire-interprète, Pfeffel rendit de vrais services à la législature de l'Alsace en créant des tours heureux pour traduire de l'allemand en français tous les termes administratifs.

En 1806, l'Empereur Napoléon Ier fit à Pfeffel, sans que celui-ci l'eût demandé en aucune façon, une pension de 1200 fr. reversible sur sa veuve. Pfeffel était, comme nous l'avons vu, un ami de la vraie liberté. Il avait, comme il le dit dans sa lettre à Augustin Perrier, le sentiment que Buonaparte seul pouvait sauver la France; mais il était évident que le régime impérial l'avait froissé, et qu'il n'y avait pas trouvé le programme qu'il s'était tracé, de la liberté individuelle et du respect dû aux droits de l'homme envisagé comme un être pensant et responsable.

Il adressa à Napoléon les quatre vers suivants, qui respirent une rare indépendance lorsqu'on se reporte au temps de gloire,

[1] Cette société, dont il sera fait mention plus d'une fois dans la biographie de Pfeffel, fit de tels progrès qu'en 1803, sous le Préfet Félix Desportes, Pfeffel étant alors encore vice-président, elle comptait 66 membres résidant à Colmar, 54 dans le Département et 56 à l'extérieur, appartenant à la France, à l'Allemagne, à la Suisse.

de prestige, d'entraînement, d'adulation générale, dont à cette époque le torrent submergeait, malgré des protestations intérieures, plus d'une âme honnête mais éblouie.

Voici ce quatrain :

« Quoi, ton regard me cherche, et dans mon ermitage
» J'éprouve tes bienfaits ? J'en suis tout glorieux,
» Car ils ne sont le prix d'aucun servile hommage.
» Un tel fait, ô César, nous honore tous deux. »

Pfeffel, comme nous le verrons bientôt, ne jouit pas longtemps de ces faveurs impériales. Un âge avancé et les infirmités de cet âge devaient le faire arriver sous peu dans ce *pays du repos*, dont son ami Lavater lui parlait neuf ans auparavant.

Nous avons sur les dernières années de Pfeffel quelques détails intéressants, empruntés aux souvenirs personnels de M. Paul Lehr :

« Nous voici arrivés au temps de la vieillesse de Pfeffel, et » bientôt nous assisterons à ses derniers moments. Mais avant » de tourner cette triste page, arrêtons-nous, pour nous abandonner un moment au charme de nos souvenirs. Que les » lecteurs qui n'ont pas connu le barde alsacien dans son intérieur, nous permettent une rapide esquisse de l'une de ses » journées, alors que l'âge et les souffrances lui en laissaient » encore le libre emploi.

» Il se levait d'ordinaire au point du jour. Dès qu'il était » prêt, il découvrait sa tête vénérable, portait ses yeux vers le » ciel depuis longtemps voilé pour lui, et adressait à Dieu un » pieux hommage. Bientôt arrivait son excellente femme ; ses » filles et ses petites-filles suivaient de près, et se disputaient » le premier baiser paternel. Si dans ses longues et fréquentes » insomnies il avait composé quelque apologue, l'une de ses » filles prenait un registre spécial, et l'y transcrivait sous sa » dictée. Puis on procédait à une lecture édifiante jusqu'au déjeuner. Le secrétaire du poète venait ensuite, et ils travaillaient ensemble jusqu'à midi. Après le dîner, ses enfants lui » lisaient les journaux ou quelques poésies légères. On faisait

» une promenade hors de la ville[1] après laquelle l'auteur et le » secrétaire reprenaient leur travail jusqu'à sept heures. Or- » dinairement le vieillard se rendait ensuite dans une société » choisie, qui se réunissait, en été dans le jardin, et en hiver » dans le cabinet d'un de ses amis, M. Bartholdy, médecin » distingué. La fécondité de son esprit, la verve et le talent » qu'il mettait à conter, répandaient le charme le plus vif sur » sa parole, et le rendaient l'âme de cette assemblée. C'est » avec un bonheur mêlé de regrets que je me rappelle plu- » sieurs de ces réunions auxquelles je fus admis. Trop jeune » alors pour oser me mêler à l'entretien, et placé silencieuse- » ment derrière le fauteuil de l'illustre vieillard, je ne perdais » pas une de ses paroles, et je me sentais captivé par l'irrésis- » tible attrait de sa conversation et de sa spirituelle bonhomie. » Pfeffel n'était pas de ces hommes qui portent chez les autres » un masque agréable, et dans leur famille une figure chagrine ; » c'était au contraire chez lui qu'il était tout-à-fait lui-même ; » c'est-à-dire ce qu'il y avait de meilleur et de plus aimable.

[1] Cette promenade avait à peu près journellement pour but une petite campagne que Pfeffel possédait, tout près de Colmar. Le jardin de cette propriété fut le théâtre d'un incident que la science moderne a depuis expliqué, mais qui, à cette époque, eut du retentissement, surtout dans le public mystique allemand.

Le jardin avait une longue allée au midi, terminée par un puits antique ombragé de noisetiers. Pfeffel aimait à s'y promener, et c'était ordinairement au bras de son secrétaire. Un de ces secrétaires, un allemand, M. Schmidt, venait d'entrer en fonctions auprès du poète. La première fois qu'il le conduisit au jardin, et que, lui servant de guide, il lui fit remonter l'allée jusqu'au puits, Pfeffel arrivé là sentit le bras de son secrétaire trembler sous l'effet d'un tressaillement général. Ce petit incident s'étant renouvelé chaque fois qu'ils arrivaient au même point de l'allée, Pfeffel demanda à M. Schmidt la cause de ces mouvements convulsifs. Le secrétaire lui répondit avec un extrême embarras qu'au bord du puits il voyait s'élever de terre une vapeur qui avait la forme d'une colonne, quelquefois même celle d'une statue voilée ou grossièrement ébauchée, et que cette sorte d'apparition en plein jour lui semblait si étrange qu'il ne pouvait s'empêcher d'en ressentir une émotion qui se trahissait par le tressaillement que le poète aveugle avait observé. Pfeffel réfléchit un instant, puis se faisant conduire à la place désignée et levant horizontalement sa canne : « Y suis-je ? » dit-il à M. Schmidt. — « Oui, Monsieur, vous coupez la colonne en deux. » Pfeffel enfonça son bâton en terre, et appelant les jardiniers, il leur ordonna de creuser à l'endroit même. A la profondeur de 3 à 4 pieds, on trouva des ossements humains. Pfeffel les fit inhumer dans le cimetière de Colmar, les émanations cessèrent et avec elles les nuageuses apparitions qui avaient tant ému le secrétaire de Pfeffel.

» Je le vois encore, après son souper, assis dans son grand » fauteuil, près de son grand poële, libre de soins étrangers, » au milieu de tous les siens, se mettant à la portée de tout le » monde, il causait, racontait, plaisantait quelquefois avec » l'enjouement du jeune âge. Oui, chez lui encore plus que » chez les autres, Pfeffel était bon, indulgent, plein d'esprit et » de gaieté ; et qui ne l'a pas vu le soir au milieu de sa famille, » ne le connaît qu'à demi. Personne plus que lui n'avait la » mémoire des lieux. Tous ceux qu'il avait parcourus lui » étaient toujours présents dans leur ensemble et dans leurs » détails. Celui qui, sans le connaître, l'eût entendu parler » avec enthousiasme dans ses derniers jours, des beautés des » Vosges et de la Forêt-Noire, en décrire les fraîches vallées, » les roches imposantes et les ruines du moyen âge qui les do- » minent, aurait pu penser qu'il les avait visitées et contem- » plées peu de jours avant, tandis que la lumière était ravie à » ses regards depuis près de cinquante ans. »

Les impressions de ceux qui avaient vu Pfeffel dans son intérieur étaient fortes et durables. Vingt ans après, M. de Gérando en parlait ainsi dans une lettre à Mlle Frédérique Pfeffel.

.... « En même temps que je sens redoubler en moi l'ardeur du perfectionnement, je sens aussi que l'amitié fondée sous les auspices de la vertu est le plus puissant de tous les secours. Pour moi, je lui dois tout. Combien de fois, je me reporte vers la modeste habitation de votre vénérable père, je me rappelle ces beaux jours si rapides, hélas ! passés près de lui ; ses angéliques vertus, cette vie qui était celle d'un vrai sage. »

Il arrive un moment dans ces grandes et belles existences, où il se fait un silence précurseur de celui de la tombe. Le voyage a été long; la caravane avec laquelle on était parti a diminué peu à peu, et l'on finit par cheminer seul ! ..... Heureux alors celui qui déjà sent luire sur son front un rayon de l'aube du jour éternel, tandis qu'à ses pieds s'étendent les ombres épaisses de l'isolement et de la mort ! Pfeffel était arrivé à ce point où la vie à venir a absorbé tout ce qui faisait le charme de celle-ci. Les amis avec lesquels il avait échangé les plus graves expériences morales, les convictions suprêmes, les peines et les joies, Schlosser, Sarasin, Lavater, Lersé, son frère Christian, l'avaient devancé! Les jeunes amis avec lesquels il parlait d'espérance à défaut des souvenirs du passé, et auxquels il était tendrement attaché, Augustin Perrier, M. et Mme de Gérando, les enfants du baron de Bergheim, étaient dispersés. Sa nombreuse et belle famille avait été en grande partie moissonnée par la mort. Ses souffrances étaient devenues continuelles, violentes, aiguës. Il sentait avec joie s'approcher le moment de la délivrance; il l'appelait sans impatience, sans révolte, mais avec le sentiment que, comme il le disait lui-même, « les murs de sa prison allaient s'ébranler, et que le sol cédait déjà sous ses pas. »

Lorsqu'il apprit la mort de son frère Christian, il dit simplement : « Je le rejoindrai bientôt. » Vers la fin de l'année 1808, son état s'aggrava beaucoup. Autour de lui on ne se faisait plus d'illusions sur la courte durée du temps qu'il avait encore à passer ici-bas. Il avait conservé le même esprit aimable, la même chaleur de cœur, le même amour du travail; mais ses forces trahissaient son courage, et la lutte avec la mort commençait dans ces combats partiels qui sont les précurseurs de la grande et dernière lutte.

Cependant, contre toute attente, il parut reprendre quelques forces dans le courant du mois de janvier 1809. On en profita pour organiser une fête de famille, et pour célébrer le 50me anniversaire de son mariage. C'était le vœu de ses enfants. Il s'y prêta avec une sérénité douce et gracieuse. Il garda tout le jour le bouquet entremêlé d'immortelles que ses petits-enfants avaient attaché à son habit. Il les suivit dans leurs jeux et dans leur joie avec l'intérêt de cœur qu'il mettait à toute chose. Ce fut le dernier beau soir de cette longue et honorable vie. Peu de jours après, il dut garder la chambre, puis le lit. Ses souffrances avaient pris un caractère d'intensité qui n'était égalé que par sa patience et son rare courage. Sa tranquillité d'âme inspirait à sa fille Frédérique quelques jours après sa mort, les lignes suivantes, adressées à M. Augustin Perrier :

« Mon cher Augustin, je vous parlerai encore souvent de notre excellent père ! Comme il me parut saint dans les derniers temps qu'il passa avec nous, comme son visage vénérable s'environnait des rayons d'une céleste joie lorsqu'il songeait que bientôt, bientôt, il serait délivré ! »

Le soir du dernier jour d'avril, il sembla jouir d'une paix plus parfaite encore. Il s'entretint avec sa famille réunie autour de lui. Nos armées victorieuses étaient alors aux portes de Vienne. Citoyen et patriote jusqu'au seuil de l'agonie, le poète aveugle demanda à une heure avancée de la nuit quelles étaient les nouvelles du théâtre de la guerre.... Puis il pria sa fille de lui lire des fragments de l'ouvrage de Veillodter sur les espérances de l'éternité. Il en témoigna sa satisfaction et rentra dans le silence. A 2 heures du matin, 1er mai, sa respiration s'arrêta. Un calme auguste se répandit sur ses traits, et y resta comme une empreinte de l'immortalité à laquelle il appartenait désormais.

Laissons parler sa fille Frédérique, écrivant à M. Augustin Perrier le 2 mai :

« Cher Augustin, mon excellent père, votre bon et tendre ami, n'est plus ! Il expira hier à 2 heures du matin après deux mois d'une maladie excessivement douloureuse. Il a souffert avec un courage, une résignation, une douceur angéliques. Il est mort de la mort du juste. Au milieu de ses souffrances, le souvenir de ses amis lui fut présent ; il leur donna ses bénédictions, leur adressa ses derniers adieux, qu'il m'a chargée de leur transmettre. Il a prononcé votre nom, celui de sa chère Henriette, et jusqu'à son dernier soupir, son cœur ainsi que son esprit conserva toutes ses facultés. Il en usa surtout pour s'occuper des espérances d'un meilleur avenir. Oh ! il est heureux à présent, il voit clair, il sera récompensé. Cher

Augustin, vous le pleurerez avec nous. Tout ici le pleure, et cette douleur générale nous fait, s'il est possible, sentir plus profondément encore toute l'étendue de notre perte. C'est vous qui l'annoncerez à ma chère Henriette. Dites-lui que mon père est heureux, et que la confiance avec laquelle je m'abandonne à cette idée adoucit ma douleur. Dites-lui que son ami est à présent au comble de ses vœux; que depuis plusieurs mois son enveloppe mortelle n'a été pour lui qu'une prison douloureuse, et que son âme goûtait une joie parfaitement pure en se livrant au pressentiment de sa prochaine délivrance. Ma pauvre mère conserve son courage au milieu de nos pleurs. »

En réponse au message de deuil qui lui fut envoyé, M. de Gérando écrivait à M. Berger, gendre de Pfeffel :

« Je déplorais la perte de mon père qui vient de m'être enlevé, lorsque je reçus la lettre dans laquelle vous m'annoncez la mort du vôtre, qui avait consenti à être aussi le mien d'affection, et qui m'en a donné tant de témoignages; qui avait adopté Annette, orpheline, et lui avait tenu lieu de ses parents. Je confonds mes larmes avec les vôtres. Je ne parle encore que de moi. Depuis le 14 courant que j'ai été frappé de cette terrible nouvelle, je n'ai pas eu le courage de l'apprendre à Annette; je cherche à l'y préparer lentement. Indiquez-moi vous-même en quoi je puis, non consoler celle qui fut l'épouse de mon ami, et ses enfants, mais acquitter du moins la dette qui m'est imposée envers eux; et pour vous qui avez déjà tant de droits à mon affection et à mon estime, soyez bien assuré que la mémoire de notre cher Pfeffel est à jamais entre nous un lien sacré. »

DE GÉRANDO.

Un mot encore sur sa digne compagne. Comme l'écrivait sa fille Frédérique, elle fut courageuse au moment de la séparation. Elle pleura peu, ne se plaignit pas. Sa douleur fut pleine de sérénité, de foi, d'espérance, comme l'avait été la carrière terrestre de l'ami qui venait de la quitter.

Mais le ressort de sa vie était brisé. Ses enfants observaient en elle, avec une navrante angoisse, tous les symptômes de la destruction. Elle avait conservé jusque dans un âge avancé une charmante figure, une excellente santé, beaucoup de vivacité, d'énergie, d'animation en toutes choses. Elle devint silencieuse, morne, indifférente. Son beau jardin dont elle avait cultivé les fleurs avec un soin extrême, fut abandonné. Il est vrai que son vieil ami n'était plus là pour jouir du parfum des fleurs, de la saveur des fruits qu'elle mettait son bonheur à lui offrir. Peu à peu elle tomba dans de longs assoupissements, entrecoupés de rêveries au milieu desquelles on lui entendait dire souvent : « Je viens, je viens bientôt. » Et lorsque ses enfants, penchés sur son fauteuil, lui demandaient avec inquiétude à qui elle parlait. « C'est à votre père, » disait-elle, avec un beau et mystérieux sourire, « il me demande de le rejoindre, et je lui réponds que je viendrai dans peu de temps. »

Ce fut le 1er décembre de cette même année 1809.

Les dernières inspirations de Pfeffel avaient été adressées à sa femme. Jeune homme, mais déjà père de famille, il lui avait dédié sa belle poésie de « Cornélie. » Vieillard, c'était à elle qu'il laissait ses dernières pensées. Dans quelques strophes inédites, pleines de concision et d'énergie, il décrit d'abord la lutte avec la vie, la soif de bonheur innée au cœur de l'homme, la poursuite de l'idéal à travers les âpres réalités de l'existence, les déceptions, les lassitudes, les irrésolutions ; puis enfin, la pacification de l'Océan tumultueux des passions et des désirs, et le repos suprême cherché et trouvé dans la foi en Christ.

C'est sur ces beaux et précieux souvenirs que nous désirons clore les nôtres.

www.ingramcontent.com/pod-product-compliance
Ingram Content Group UK Ltd.
Pitfield, Milton Keynes, MK11 3LW, UK
UKHW021135230726
13926UKWH00002B/820

9 782016 128152